Normas do Cerimonial Público Civil e Militar e Ordem de Precedência

O livro é a porta que se abre para a realização do homem.

Jair Lot Vieira

Supervisão Editorial
Jair Lot Vieira

Normas do Cerimonial Público Civil e Militar e Ordem de Precedência

Normas do Cerimonial Público e a Ordem Geral de Precedência

Regulamento de Continências, Honras, Sinais de Respeito e Cerimonial Militar das Forças Armadas

Normas do Cerimonial Público do Estado de São Paulo

edipro

Normas do Cerimonial Público Civil e Militar e Ordem de Precedência

Normas do Cerimonial Público e a Ordem Geral de Precedência

Regulamento de Continências, Honras, Sinais de Respeito e Cerimonial Militar das Forças Armadas

Normas do Cerimonial Público do Estado de São Paulo

Supervisão editorial: Jair Lot Vieira

1ª Edição 2012

Coordenação editorial: *Maíra Nelli Lot Vieira Micales*
Produção editorial: *Murilo Oliveira de Castro Coelho*
Editoração: *Alexandre Rudyard Benevides*
Revisão: *Bruno Miola da Silva*
Arte: *Equipe Edipro*

Dados Internacionais de Catalogação na Publicação (CIP)
(Câmara Brasileira do Livro, SP, Brasil)

Normas do cerimonial público civil : Decreto nº 70.274, de 9 de março de 1972 : regulamento de continências, honras, sinais de respeito e cerimonial militar das forças armadas : Portaria Normativa nº 666/MD, de 19 de maio de 2009 : Normas do Cerimonial Público do Estado de São Paulo / supervisão editorial Jair Lot Vieira. – São Paulo : EDIPRO, 2012. -- (Série legislação EDIPRO)

ISBN 978-85-7283-794-1

1.Cerimonial cívico 2. Etiqueta 3. Relações públicas I. Vieira, Jair Lot.

11-11397 CDD-395.52

Índices para catálogo sistemático:
1. Cerimonial cívico : Etiqueta : 396.52
2. Cerimonial oficial : Etiqueta : 396.52

edipro

edições profissionais ltda.

São Paulo: Fone (11) 3107-4788 – Fax (11) 3107-0061
Bauru: Fone (14) 3234-4121 – Fax (14) 3234-4122
www.edipro.com.br

SUMÁRIO

NORMAS DO CERIMONIAL PÚBLICO CIVIL

NORMAS DO CERIMONIAL PÚBLICO CIVIL

DECRETO Nº 70.274, DE 9 DE MARÇO DE 1972

Aprova as normas do cerimonial público e a ordem geral de precedência.

O Presidente da República, no uso da atribuição que lhe confere o art. 81, item III, da Constituição,

Decreta:

Art. 1º. São aprovadas as normas do cerimonial público e a ordem geral de precedência, anexas ao presente Decreto, que se deverão observar nas solenidades oficiais realizadas na Capital da República, nos Estados, nos Territórios Federais e nas Missões diplomáticas do Brasil.

Art. 2º. Este Decreto entrará em vigor na data de sua publicação, revogadas as disposições em contrário.

Brasília, 9 de março de 1972; 151º da Independência e 84º da República.

Emílio G. Médici

DOU de 10.3.1972 e Retificado no DOU de 16.3.1972

DAS NORMAS DO CERIMONIAL PÚBLICO

Capítulo I – Da Precedência

Art. 1º. O Presidente da República presidirá sempre a cerimônia a que comparecer.

Parágrafo único. Os antigos Chefes de Estado passarão logo após o Presidente do Supremo Tribunal Federal, desde que não exerçam qualquer função pública. Neste caso, a sua precedência será determinada pela função que estiverem exercendo.

Art. 2º. Não comparecendo o Presidente da República, o Vice-Presidente da República presidirá a cerimônia a que estiver presente.

Parágrafo único. Os antigos Vice-Presidente da República, passarão logo após os antigos Chefes de Estado, com a ressalva prevista no parágrafo único do art. 1º.

Art. 3º. Os Ministros de Estado presidirão as solenidades promovidas pelos respectivos Ministérios.

Art. 4º. A precedência entre os Ministros de Estado, ainda que interinos, é determinada pelo critério histórico de criação do respectivo Ministério, na seguinte ordem: Justiça; Marinha; Exército; Relações Exteriores; Fazenda; Transportes; Agricultura; Educação e Cultura; Trabalho e Previdência Social, Aeronáutica; Saúde, Indústria e Comércio; Minas e Energia; Planejamento e Coordenação Geral; Interior; e Comunicações.

§ 1º. Quando estiverem presentes personalidades estrangeiras, o Ministro de Estado das Relações Exteriores terá precedência sobre seus colegas, observando-se critério análogo com relação ao Secretário-Geral de Política Exterior do Ministério das Relações Exteriores, que terá precedência sobre os Chefes dos Estados-Maior da Armada e do Exército. O disposto no presente parágrafo não se aplica ao Ministro de Estado em cuja jurisdição ocorrer a cerimônia.

§ 2º. Tem honras, prerrogativas e direitos de Ministro de Estado o Chefe de Gabinete Militar da Presidência da República, o Chefe do Gabinete Civil da Presidência, o Chefe do Serviço Nacional de Informações e o Chefe do Estado-Maior das Forças Armadas e, nessa ordem, passarão após os Ministros de Estado.

§ 3º. O Consultor-Geral da República tem para efeitos protocolares e de correspondência, o tratamento devido aos Ministros de Estado.

§ 4º. Os antigos Ministros de Estado, Chefes do Gabinete Militar da Presidência da República, Chefes do Gabinete Civil da Presidência da República, Chefes do Serviço Nacional de Informações e Chefes do Estado Maior das Forças Armadas, que hajam exercido as funções em caráter efetivo, passarão logo após os titulares em exercício, desde que não exerçam qualquer função pública, sendo, neste caso, a sua precedência determinada pela função que estiverem exercendo.

§ 5º. A precedência entre os diferentes postos e cargos da mesmas categoria corresponde à ordem de precedência histórica dos Ministérios.

Art. 5º. Nas missões diplomáticas, os Oficiais-Generais passarão logo depois do Ministro-Conselheiro que for o substituto do Chefe da Missão e os Capitães-de-Mar-e-Guerra, Coronéis e Coronéis-Aviadores, depois do Conselheiro ou do Primeiro Secretário que for o substituto do Chefe da Missão. Parágrafo único. A precedência entre Adidos Militares será regulada pelo Cerimonial militar.

Da Precedência nos Estados Distrito Federal e Territórios

Art. 6º. Nos Estados, no Distrito Federal e nos Territórios, o Governador presidirá às solenidades a que comparecer, salvo as dos Poderes Legislativo e Judiciário e as de caráter exclusivamente militar, nas quais será observado o respectivo cerimonial.

Parágrafo único. Quando para as cerimônias militares for convidado o Governador, ser-lhe-á dado o lugar de honra.

Art. 7º. No respectivo Estado, o Governador, o Vice-Governador, o Presidente da Assembleia legislativa e o Presidente do Tribunal de Justiça terão, nessa ordem, precedência sobre as autoridades federais.

Parágrafo único. Tal determinação não se aplica aos Presidentes do Congresso Nacional da Câmara dos Deputados e do Supremo Tribunal Federal, aos Ministros de Estado, ao Chefe do Gabinete Militar da Presidência da República, ao Chefe do Gabinete Civil da Presidência da República, ao Chefe do Serviço Nacional de Informações, ao Chefe do Estado-Maior das Forças Armadas e ao Consultor-Geral da República, que passarão logo após o Governador.

Art. 8º. A precedência entre os Governadores dos Estados, do Distrito Federal e dos Territórios é determinada pela ordem de constituição histórica dessas entidades, a saber: Bahia, Rio de Janeiro, Maranhão, Pará, Pernambuco, São Paulo, Minas Gerais, Goiás, Mato Grosso, Rio Grande do Sul, Ceará, Paraíba, Espírito Santo, Piauí, Rio Grande do Norte, Santa Catarina, Alagoas, Sergipe, Amazonas, Paraná, Acre, Mato Grosso do Sul, Distrito Federal, e Territórios: Amapá, Fernando de Noronha, Rondônia e Roraima.

- *Art. 8º com redação dada pelo Decreto nº 83.186, de 19.2.1979.*

Art. 9º. A precedência entre membros do Congresso Nacional e entre membros das Assembleias Legislativas é determinada pela ordem de criação da unidade federativa a que pertençam e, dentro da mesma unidade, sucessivamente, pela data da diplomação ou pela idade.

Art. 10. Nos Municípios, o Prefeito presidirá as solenidades municipais.

Art. 11. Em igualdade de categoria, a precedência, em cerimônias de caráter federal, será a seguinte:

1º. Os estrangeiros;

2º. As autoridades e os funcionários da União.

3º. As autoridades e os funcionários estaduais e municipais.

Art. 12. Quando o funcionário da carreira de diplomata ou o militar da ativa exercer função administrativa civil ou militar, observar-se-á a precedência que o beneficiar.

Art. 13. Os inativos passarão logo após os funcionários em serviço ativo de igual categoria, observado o disposto no § 4º do art. 4º.

Da Precedência de Personalidades Nacionais e Estrangeiras

Art. 14. Os Cardeais da Igreja Católica, como possíveis sucessores do Papa, tem situação correspondente à dos Príncipes herdeiros.

Art. 15. Para colocação de personalidades nacionais e estrangeiras, sem função oficial, o Chefe do Cerimonial levará em consideração a sua posição social, idade, cargos ou funções que ocupem ou tenham desempenhado ou a sua posição na hierarquia eclesiástica.

Parágrafo único. O chefe do Cerimonial poderá intercalar entre as altas autoridades da República o Corpo Diplomático e personalidades estrangeiras.

Casos Omissos

Art. 16. Nos casos omissos, o Chefe do Cerimonial, quando solicitado, prestará esclarecimentos de natureza protocolar bem como determinará a colocação de autoridades e personalidades que não constem da Ordem Geral de Precedência.

Da Representação

Art. 17. Em jantares e almoços, nenhum convidado poderá fazer-se representar.

Art. 18. Quando o Presidente da República se fizer representar em solenidade ou cerimônias, o lugar que compete a seu representante é à direita da autoridade que as presidir.

§ 1º. Do mesmo modo, os representantes dos Poderes Legislativo e Judiciário, quando membros dos referidos Poderes, terão a colocação que compete aos respectivos Presidentes..

§ 2º. Nenhum convidado poderá fazer-se representar nas cerimônias a que comparecer o Presidente da República.

Dos Desfiles

Art. 19. Por ocasião dos desfiles civis o militares, o Presidente da República terá a seu lado os Ministros de Estado a que estiverem subordinados as corporações que desfilam.

Do Hino Nacional

Art. 20. A execução do Hino Nacional só terá início depois que o Presidente da República houver ocupado o lugar que lhe estiver reservado, salvo nas cerimônias sujeitas a regulamentos especiais.

Parágrafo único. Nas cerimônias em que se tenha de executar Hino Nacional estrangeiro, este precederá, em virtude do princípio de cortesia, o Hino Nacional Brasileiro.

Do Pavilhão Presidencial

Art. 21. O Pavilhão Presidencial será hasteado, observado o disposto no art. 27, *caput* e § 1º:

I – na sede do Governo e no local em que o Presidente da República residir, quando ele estiver no Distrito Federal; e

II – nos órgãos, autarquias e fundações federais, estaduais e municipais, sempre que o Presidente da República a eles comparecer.

Parágrafo único. Aplica-se o disposto neste artigo ao Pavilhão do Vice-Presidente da República.

- *Art. 21 com redação dada pelo Decreto nº 7.419, de 31.12.2010.*

Da Bandeira Nacional

Art. 22. A Bandeira Nacional pode ser usada em todas as manifestações do sentimento patriótico dos brasileiros, de caráter oficial ou particular.

Art. 23. A Bandeira Nacional pode ser apresentada:

I – Hasteada em mastro ou adriças, nos edifícios públicos ou particulares, templos, campos de esporte escritórios, salas de aula, auditórios, embarcações, ruas e praças, em qualquer lugar em que lhe seja assegurado o devido respeito.

II – Distendida e sem mastro, conduzida por aeronaves ou balões, aplicada sobre parede ou presa a um cabo horizontal ligando edifícios, árvores, postes ou mastros;

III – Reproduzida sobre paredes, tetos, vidraças veículos e aeronaves;

IV – Compondo com outras bandeiras, panóplias, escudos ou peças semelhantes;

V – Conduzida em formaturas, desfiles, ou mesmo individualmente;

VI – Distendida sobre ataúdes até a ocasião do sepultamento.

Art. 24. A Bandeira Nacional estará permanentemente no topo de um mastro especial plantado na Praça dos Três Poderes de Brasília,no Distrito Federal, como símbolo perene da Pátria e sob a guarda do povo brasileiro.

§ 1º. A substituição dessa Bandeira será feita com solenidades especiais no 1º Domingo de cada mês, devendo o novo exemplar atingir o topo do mastro antes que o exemplar substituído comece a ser arriado.

§ 2º. Na base do mastro especial estarão inscritos exclusivamente os seguintes dizeres:

Sob a guarda do povo brasileiro, nesta Praça dos Três Poderes, a Bandeira Sempre no alto.

— visão permanente da Pátria.

Art. 25. Hasteia-se diariamente a Bandeira Nacional:

I – No Palácio da Presidência da República;

II – Nos edifícios sede dos Ministérios;

III – Nas Casas do Congresso Nacional;

IV – No Supremo Tribunal Federal, nos Tribunais Superiores e nos Tribunais Federais de Recursos;

V – Nos edifícios sede dos poderes executivo, legislativo e judiciário dos Estados, Territórios e Distrito Federal;

VI – Nas prefeituras e Câmaras Municipais;

VII – Nas repartições federais, estaduais e municipais situadas na faixa de fronteira;

VIII – Nas missões Diplomáticas, Delegação junto a Organismos Internacionais e Repartições Consulares de carreira, respeitados os usos locais dos países em que tiverem sede;

IX – Nas unidades da Marinha Mercante, de acordo com as leis e Regulamentos de navegação, polícia naval e praxes internacionais.

Art. 26. Hasteia-se obrigatoriamente, a Bandeira Nacional, nos dias de festa ou de luto nacional em todas as repartições públicas, nos estabelecimentos de ensino e sindicatos.

Parágrafo único. Nas escolas públicas ou particulares, é obrigatório o hasteamento solene da Bandeira Nacional, durante o ano letivo, pelo menos uma vez por semana.

Art. 27. A Bandeira Nacional pode ser hasteada e arriada a qualquer hora do dia ou da noite.

§ 1º. Normalmente faz-se o hasteamento às 8 horas e o arriamento às 18 horas.

§ 2º. No dia 19 de novembro, Dia da Bandeira o hasteamento, é realizado às 12 horas, com solenidades especiais.

§ 3º. Durante a noite a Bandeira deve estar devidamente iluminada.

Art. 28. Quando várias bandeiras são hasteadas ou arriadas simultaneamente, a Bandeira Nacional é a primeira a atingir o tope e a última a dele descer.

Art. 29. Quando em funeral, a Bandeira fica a meio-mastro ou a meia adriça. Nesse caso no hasteamento ou arriamento, deve ser levada inicialmente até o tope.

Parágrafo único. Quando conduzida em marcha, indica-se o luto por um laço de crepe atado junto à lança.

Art. 30. Hasteia-se a Bandeira Nacional em funeral nas seguintes situações:

I – Em todo o País quando o Presidente da República decretar luto oficial;

II – Nos edifícios-sede dos poderes legislativos federais, estaduais ou municipais, quando determinado pelos respectivos presidentes, por motivos de falecimento de um de seus membros;

III – No Supremo Tribunal Federal, nos Tribunais Superiores, nos Tribunais Federais de Recursos e nos Tribunais de Justiça estaduais, quando determinado pelos respectivos presidentes, pelo falecimento de um de seus ministros ou desembargadores;

IV – Nos edifícios-sede dos Governos dos Estados, Territórios, Distrito Federal e Municípios por motivo do falecimento do Governador ou Prefeito, quando determinado luto oficial para autoridade que o substituir;

V – Nas sedes de Missões Diplomáticas, segundo as normas e usos do país em que estão situadas.

Art. 31. A Bandeira Nacional em todas as apresentações no território nacional, ocupa lugar de honra, compreendido como uma posição:

I – Central ou a mais próxima do centro e à direita deste, quando com outras bandeiras pavilhões ou estandartes, em linha de mastros, panóplias, escudos ou peças semelhantes;

II – Destacada à frente de outras bandeiras, quando conduzida em formaturas ou desfiles;

III – À direita de tribunais, púlpitos, mesas de reunião ou de trabalho.

Parágrafo único. Considera-se direita de um dispositivo de bandeira as direita de uma pessoa colocada junto a ele e voltada para a rua, para a plateia ou de modo geral, para o público que observa o dispositivo.

Art. 32. A Bandeira Nacional, quando não estiver em uso, deve ser guardada em local digno.

Art. 33. Nas repartições públicas e organizações militares, quando a Bandeira é hasteada em mastro colocada no solo, sua largura não deve ser maior que 1/5 (um quinto) nem menor que 1/7 (um sétimo) da altura do respectivo mastro.

Art. 34. Quando distendida e sem mastro, coloca-se a Bandeira de modo que o lado maior fique na horizontal e estrela isolada em cima não podendo se ocultada, mesmo parcialmente por pessoas sentadas em suas imediações.

Art. 35. A Bandeira Nacional nunca se abate em continência.

Das Honras Militares

Art. 36. Além das autoridades especificadas no cerimonial militar, serão prestadas honras militares aos Embaixadores e Ministros Plenipotenciários que vierem a falecer no exercício de suas funções no exterior.

Parágrafo único. O Governo pode determinar que honras militares sejam excepcionalmente prestadas a outras autoridades.

Capítulo II – Da Posse do Presidente da República

Art. 37. O Presidente da República eleito, tendo a sua esquerda o Vice-Presidente e, na frente, o chefe do Gabinete Militar e o Chefe do Gabinete Civil dirigir-se-á em carro do Estado, ao Palácio do Congresso Nacional, a fim de prestar o compromisso constitucional.

Art. 38. Compete ao Congresso Nacional organizar e executar a cerimônia do compromisso constitucional. O Chefe do Cerimonial receberá do Presidente do Congresso esclarecimentos sobre a cerimônia bem como sobre a participação na mesma das Missões Especiais e do Corpo Diplomático.

Art. 39. Prestado o compromisso, o Presidente da República, com os seus acompanhantes, deixará o Palácio do Congresso dirigindo-se para o Palácio do Planalto.

Art. 40. O Presidente da República será recebido, à porta principal do Palácio do Planalto, pelo Presidente cujo, mandato findou. Estarão presentes os integrantes do antigo Ministério, bem como os Chefes do Gabinete Militar, Civil, Serviço Nacional de Informações e Estado-Maior das Forças Armadas.

Estarão, igualmente, presentes os componentes do futuro Ministério, bem como os novos Chefes do Serviço Nacional de informações e do Estado-Maior das Forças Armadas.

Art. 41. Após os cumprimentos, ambos os Presidentes acompanhados pelos Vices-Presidentes acompanhados pelos Vices-Presidentes Chefes do Gabinete Militar e Chefes do Gabinete Civil, se encaminharão par ao Gabinete Presidencial e dali para o local onde o Presidente da República receberá de seu antecessor a Faixa Presidencial. Em seguida o Presidente da República conduzirá o ex-presidente até a porta principal do Palácio do Planalto.

Art. 42. Feitas as despedidas, o ex-Presidente será acompanhado até sua residência ou ponto de embarque pelo Chefe do Gabinete Militar e por um Ajudante-de-Ordens ou Oficial de Gabinete do Presidente da República empossado.

Art. 43. Caberá ao Chefe do Cerimonial planejar e executar as cerimônias da posse presidencial. Da nomeação dos Ministros de Estado, Membros dos Gabinetes Civil e Militar da Presidência da República e Chefes do Serviço Nacional de Informações e do Estado-Maior das Forças Armadas.

Art. 44. Os decretos de nomeação dos novos Ministros de Estado, do Chefe do Gabinete Militar da Presidência da República, do Chefe do Gabinete Civil da Presidência da República, do Chefe do Serviço Nacional de Informações e do Chefe do Estado-Maior das Forças Armadas serão assinados no Salão de Despachos.

§ 1º. O primeiro decreto a ser assinado será o de nomeação do Ministro de Estado da Justiça, a quem caberá referendar os decretos de nomeação dos demais Ministros de Estado, do Chefe do Gabinete Militar da Presidência da República, do Chefe do Gabinete Civil da Presidência da República, do Chefe do Serviço Nacional de Informações e do Chefe do Estado Maior das Forças Armadas.

§ 2º. Compete ao Chefe do Cerimonial da Presidência da República organizar a cerimônia acima referida.

Dos Cumprimentos

Art. 45. No mesmo dia, o Presidente da República receberá, em audiência solene, as Missões Especiais estrangeiras que houverem sido designadas para sua posse.

Art. 46. Logo após, o Presidente receberá os cumprimentos das altas autoridades da República, que para esse fim se hajam previamente inscrito.

Da Recepção

Art. 47. À noite, o Presidente da República recepcionará, no Palácio do Itamarati, as Missões Especiais estrangeiras e altas autoridades da República.

Da Comunicação da Posse do Presidente da República

Art. 48. O Presidente da República enviará Cartas de Chancelaria aos Chefes de Estado dos países com os quais o Brasil mantém relações diplomáticas, comunicando-lhes sua posse.

§ 1º. As referidas Cartas serão preparadas pelo Ministério das Relações Exteriores.

§ 2º. O Ministério da Justiça comunicará a posse do Presidente da República aos Governadores dos Estados da União, do Distrito Federal e dos Territórios e o das Relações Exteriores às Missões diplomáticas e Repartições consulares de carreira brasileiras no exterior, bem como às Missões brasileiras junto a Organismos Internacionais.

Do Traje

Art. 49. O traje das cerimônias de posse será estabelecido pelo Chefe do Cerimonial, após consulta ao Presidente da República.

Da Transmissão Temporária do Poder

Art. 50. A transmissão temporária do Poder, por motivo de impedimento do Presidente da República, se realizará no Palácio do Planalto, sem solenidade, perante seus substitutos eventuais, os Ministros de Estado, o Chefe do Gabinete Militar da Presidência da República, o Chefe do Gabinete Civil da Presidência da República, o Chefe do Estado-Maior das Forças Armadas e os demais membros dos Gabinetes Militar e Civil da Presidência da República.

Capítulo III
Das visitas do Presidente da República e seu Comparecimento a Solenidades Oficiais

Art. 51. O Presidente da República não retribui pessoalmente visitas, exceto as de Chefes de Estado.

Art. 52. Quando o Presidente da República comparecer, em caráter oficial, a festas e solenidades ou fizer qualquer visita, o programa será submetido à sua aprovação, por intermédio do Chefe do Cerimonial da Presidência da República.

Das Cerimônias da Presidência da República

Art. 53. Os convites para as cerimônias da Presidência da República serão feitos por intermédio do Cerimonial do Ministério das Relações Exteriores ou do Cerimonial da Presidência da República, conforme o local onde as mesmas se realizarem.

Parágrafo único. Os cartões de convite do Presidente da República terão as Armas Nacionais gravadas a ouro, prerrogativas essa que se estende exclusivamente aos Embaixadores Extraordinários e Plenipotenciários do Brasil, no exterior.

Da Faixa Presidencial

Art. 54. Nas cerimônias oficiais para as quais se exijam casaca ou primeiro uniforme, o Presidente da República usará, sobre o colete da casaca ou sobre o uniforme, a Faixa Presidencial.

Parágrafo único. Na presença de Chefe de Estado, o Presidente da República poderá substituir a Faixa Presidencial por condecoração do referido Estado.

Das Audiências

Art. 55. As audiências dos Chefes de Missão diplomática com o Presidente da República serão solicitadas por intermédio do Cerimonial do Ministro das Relações Exteriores.

Parágrafo único. O Cerimonial do Ministério das Relações Exteriores encaminhará também, em caráter excepcional, pedidos de audiências formulados por altas personalidades estrangeiras.

Livro de Visitas

Art. 56. Haverá, permanentemente, no Palácio do Planalto, livro destinado a receber as assinaturas das pessoas que forem levar cumprimentos ao Presidente da República e a Sua Senhora.

Das Datas Nacionais

Art. 57. No dia 7 de Setembro, o Chefe do Cerimonial da Presidência, acompanhado de um dos Ajudantes de Ordens do Presidente da República, receberá os Chefes de Missão diplomática que desejarem deixar registrados no livro para esse fim existentes, seus cumprimentos ao Chefe do Governo.

Parágrafo único. O Cerimonial do Ministério das Relações Exteriores notificará com antecedência, os Chefes de Missão diplomática do horário que houver sido fixado para esse ato.

Art. 58. Os cumprimentos do Presidente da República e do Ministro das Relações Exteriores pelo dia da Festa Nacional dos países com os quais o Brasil mantém relações diplomáticas serão enviados por intermédio do Cerimonial do Ministério das Relações Exteriores.

Capítulo IV – Das Visitas Oficiais

Art. 59. Quando o Presidente da República visitar oficialmente Estado ou Território da Federação, competirá à Presidência da República, em entendimento com as autoridades locais, coordenar o planejamento e a execução da visita, observando-se o seguinte cerimonial:

§ 1º. O Presidente da República será recebido, no local da chegada, pelo Governador do Estado ou do Território e por um Oficial-General de cada Ministério Militar, de acordo com o cerimonial Militar.

§ 2º. Após as honras militares, o Governador apresentará ao Presidente da República as autoridades presentes.

§ 3º. Havendo conveniência, as autoridades civis e eclesiásticas e as autoridades militares poderão formar separadamente.

§ 4º. Deverão comparecer à chegada do Presidente da República, o Vice-Governador do Estado. O Presidente da Assembleia Legislativa, Presidente do Tribunal de Justiça, Secretários de Governo e o Prefeito Municipal observada a ordem de precedência estabelecida neste Decreto.

§ 5º. Ao Gabinete Militar da Presidência da República, ouvido o Cerimonial da Presidência da República, competirá organizar o cortejo de automóveis da comitiva presidencial bem como o das autoridades militares a que se refere o parágrafo 1º deste artigo.

§ 6º. As autoridades estaduais encarregar-se-ão de organizar o cortejo de automóveis das demais autoridades presentes ao desembarque presidencial.

§ 7º. O Presidente da República tomará o carro do Estado, tendo à sua esquerda o Chefe do Poder Executivo Estadual e, na frente, seu Ajudante-Ordens.

§ 8º. Haverá, no Palácio do Governo, um livro onde se inscreverão as pessoas que forem visitar o Chefe de Estado.

Art. 60. Por ocasião da partida do Presidente da República, observar-se-á procedimento análogo ao da chegada.

Art. 61. Quando indicado por circunstâncias especiais da visita, a Presidência da República poderá dispensar ou reduzir as honras militares e a presença das autoridades previstas nos §§ 1º, 2º e 4º do art. 59.

Art. 62. Caberá ao Cerimonial do Ministério das Relações Exteriores elaborar o projeto do programa das visitas oficiais do Presidente da República e do Ministro de Estado das Relações Exteriores ao estrangeiro.

Art. 63. Quando em visita oficial a um Estado ou a um Território, o Vice-Presidente da República, o Presidente do Congresso Nacional, o Presidente da Câmara dos Deputados e o Presidente do Supremo Tribunal Federal serão recebidos, à chegada, pelo Governador, conforme o caso, pelo Vice-Governador, pelo Presidente do Poder Judiciário Estaduais.

Art. 64. A comunicação de visitas oficiais de Chefes de Missão diplomáticas acreditados junto ao Governo brasileiro aos Estados da União e Territórios deverá ser feita aos respectivos Cerimoniais pelo Cerimonial do Ministério das Relações Exteriores, que também fornecerá os elementos do programa a ser elaborado.

Art. 65. O Governador do Estado ou Território far-se-á representar à chegada do Chefe de Missão diplomática estrangeira em visita oficial.

Art. 66. O Chefe de Missão diplomática estrangeira, quando em viagem oficial, visitará o Governador, o Vice-Governador, os Presidentes da Assembleia Legislativa e do Tribunal de Justiça e demais autoridades que desejar.

Capítulo V – Das Visitas de Chefes de Estado Estrangeiros

Art. 67. As visitas de Chefes de Estado estrangeiros ao Brasil começarão, oficialmente, sempre que possível, na Capital Federal.

Art. 68. Na Capital Federal, a visita oficial de Chefe de Estado estrangeiro ao Brasil iniciar-se-á com o recebimento do visitante pelo Presidente da República. Comparecerão ao desembarque as seguintes autoridades: Vice-Presidente da República, Decano do Corpo Diplomático, Chefe da Missão do país do visitante, Ministros de Estado, Chefe do Gabinete Militar da Presidência Da República, Chefe do Gabinete Civil da Presidência da República, Chefe do Serviço Nacional de Informações, Chefe do Estado-Maior das Forças Armadas, Governador do Distrito Federal, Secretário Geral de Política Exterior do Ministério das Relações Exteriores, Chefes dos Estados Maiores da Armada, do Exército, e da Aeronáutica, Comandante Naval de Brasília, Comandante Militar do Planalto, Secretário-Geral Adjunto para Assuntos que incluem os dos país do visitante, Comandante da VI Zona Aérea, Diretor-Geral do Departamento de Polícia Federal, Chefe da Divisão política que trata de assuntos do pais do visitante, além de todos os acompanhantes brasileiros do visitante. O chefe do Cerimonial da Presidência da República, os membros da comitiva e os funcionários diplomáticos da Missão do país do visitante.

Parágrafo único. Vindo o Chefe de Estado acompanhado de sua Senhora, o Presidente da República e as autoridades acima indicadas far-se-ão acompanhar das respectivas Senhoras.

Art. 69. Nas visitas aos Estados e Territórios, será o Chefe de Estado estrangeiro recebido, no local de desembarque, pelo Governador, pelo Vice-Governador, pelos Presidentes da Assembleia Legislativa e do Tribunal de Justiça, pelo Prefeito Municipal e pelas autoridades militares previstas no § 1º do art. 59, além do Decano do Corpo Consular, do Cônsul do país do visitante e das altas autoridades civis e militares especialmente convidadas.

Capítulo VI
Da Chegada dos Chefes de Missão Diplomática e Entrega de Credenciais

Art. 70. Ao chegar ao Aeroporto da Capital Federal, o novo Chefe de Missão será recebido pelo Introdutor Diplomático do Ministro de Estado das Relações Exteriores.

§ 1º. O Encarregado de Negócios pedirá ao Cerimonial do Ministério das Relações Exteriores dia e hora para a primeira visita ao novo Chefe de Missão ao Ministro de Estado das Relações Exteriores.

§ 2º. Ao visitar o Ministro de Estado das Relações Exteriores, o novo Chefe de Missão solicitará a audiência de estilo com o Presidente da República para a entrega de suas credenciais e, se for o caso, da Revogatória de seu antecessor. Nessa visita, o novo Chefe de Missão deixará em mãos do Ministro de Estado a cópia figurada das Credenciais.

§ 3º. Após a primeira audiência com o Ministro de Estado das Relações Exteriores, o novo Chefe de Missão visitará, em data marcada pelo Cerimonial do Ministério das Relações Exteriores, o Secretário-Geral Adjunto da área do país que representa e outros Chefes de Departamento.

§ 4º. Por intermédio do Cerimonial do Ministério das Relações Exteriores, o novo Chefe de Missão solicitará data para visitar o Vice-Presidente da República, o Presidente do Congresso Nacional, o Presidente da Câmara dos

Deputados, o Presidente do Supremo Tribunal Federal, os Ministros de Estado e o Governador do Distrito Federal. Poderão igualmente ser marcadas audiências com outras altas autoridades federais.

Art. 71. No dia e hora marcados para a audiência solene com o Presidente da República, o Introdutor Diplomático conduzirá, em carro do Estado, o novo chefe de Missão de sua residência, até o Palácio do Planalto. Serão igualmente postos à disposição os membros da Missão Diplomática carros de Estado.

§ 1º. Dirigindo-se ao Palácio Presidencial, os carros dos membros da Missão diplomática precederão o do chefe de Missão.

§ 2º. O Chefe de Missão subira a rampa tendo, a direita o introdutor Diplomático e, a esquerda, o membro mais antigo de sua Missão; os demais membros da Missão serão dispostos em grupos de três, atrás dos primeiros.

§ 3º. A porta do Palácio Presidencial, o chefe do Cerimonial da Presidência e por Ajudante-de-Ordens do Presidente da República, os quais o conduzirão ao Salão Nobre.

§ 4º. Em seguida, o Chefe do Cerimonial da Presidência da República entrará, sozinho, no Salão de Credenciais, onde se encontra o Presidente da República, ladeado, à direita, pelo Chefe do Gabinete Militar da Presidência da República, e, à esquerda pelos Ministros de Estado das Relações Exteriores e pelo Chefe do Gabinete Civil da Presidência da República, e pedirá permissão para introduzir o novo chefe de Missão.

§ 5º. Quando o Chefe de Missão for Embaixador, os membros dos Gabinetes Militar e Civil da Presidência da República estarão presentes e serão colocados, respectivamente, por ordem de precedência, à direita e à esquerda do Salão de Credenciais.

§ 6º. Quando o Chefe de Missão for Enviado Extraordinário e Ministro Plenipotenciário, estarão presentes somente as autoridades mencionadas no § 4º.

§ 7º. Ladeado, à direita, pelo Chefe do Cerimonial da Presidência e, à esquerda, pelo Ajudante-de-Ordens do Presidente da República, o Chefe de Missão penetrará no recinto, seguido do Introdutor Diplomático e dos membros da Missão. À entrada do Salão de Credenciais, deter-se-á para saudar o Presidente da República com leve inclinação de cabeça.

§ 8º. Aproximando-se do ponto em que se encontrar o Presidente da República, o Chefe de Missão, ao deter-se, fará nova saudação, após o que o Chefe do Cerimonial da Presidência da República se adiantará e fará a necessária apresentação. Em seguida, o Chefe de Missão apresentará as Cartas Credenciais ao Presidente da República, que as passará às mãos do Ministro de Estado das Relações Exteriores. Não haverá discursos.

§ 9º. O Presidente da República convidará o Chefe de Missão a sentar-se e com ele conversar.

§ 10. Terminada a palestra por iniciativa do Presidente da República, o Chefe de Missão cumprimentará o Ministro de Estado das Relações Exteriores e será apresentado pelo Presidente da República ao Chefe do Gabinete Militar da Presidência da República e a Chefe do Gabinete Civil da Presidência da República.

§ 11. Em seguida, o Chefe de Missão apresentará o pessoal de sua comitiva; cada um dos membros da Missão se adiantará, será apresentado e voltará à posição anterior.

§ 12. Findas as apresentações, o Chefe de Missão se despedirá do Presidente da República e se retirará precedido pelos membros da Missão e pelo Introdutor Diplomático e acompanhado do Chefe do Cerimonial da Presidência e do Ajudante-de-Ordens do Presidente da República. Parando no fim do Salão, todos se voltarão para cumprimentar o Presidente da República com novo aceno de cabeça.

§ 13. Quando chegar ao topo da rampa, ouvir-se-ão os dois Hinos Nacionais.

§ 14. O chefe de Missão, o Chefe do Cerimonial da Presidência e o Ajudante-de-Ordens do Presidente da República descerão a rampa dirigindo-se à testa da Guarda de Honra, onde se encontra o Comandante que convidará o Chefe de Missão a passá-la em revista. O Chefe do Cerimonial da Presidência e o Ajudante-de-Ordens do Presidente da República passarão por trás da Guarda de Honra, enquanto os membros da Missão e o Introdutor Diplomático se encaminharão para o segundo automóvel.

§ 15. O Chefe da Missão, ao passar em revista a Guarda de Honra, cumprimentará de cabeça a Bandeira Nacional, conduzida pela tropa, e despedir-se-á do Comandante, na cauda da Guarda de Honra, sem apertar-lhe o mão.

§ 16. Terminada a cerimônia, o Chefe de Missão se despedirá do Chefe do Cerimonial da Presidência e do Ajudante-de-Ordens do Presidente da República, entrando no primeiro automóvel, que conduzirá, na frente do cortejo, à sua residência onde cessam as funções do Introdutor Diplomático.

§ 17. O Chefe do Cerimonial da Presidência da República fixará o traje para a cerimônia de apresentação de Cartas Credenciais, após consulta ao Presidente da República.

§ 18. O Diário Oficial publicará a notícia da apresentação de Cartas Credenciais.

Art. 72. Os Encarregados de Negócios serão recebidos pelo Ministro de Estado das Relações Exteriores em audiência, na qual farão entrega das Cartas de Gabinete, que os acreditam.

Art. 73. O novo Chefe de Missão solicitará, por intermédio do Cerimonial do Ministério das Relações Exteriores, que sejam marcados dia e hora para que a sua esposa visite a Senhora do Presidente da República, não estando essa visita sujeita a protocolo especial.

Capítulo VII – Do Falecimento do Presidente da República

Art. 74. Falecendo o Presidente da República, o seu substituto legal, logo que assumir o cargo, assinará decreto de luto oficial por oito dias.

Art. 75. O Ministério da Justiça fará as necessárias comunicações aos Governadores dos Estados da União do Distrito Federal e dos Territórios, no sentido de ser executado o decreto de luto, encerrado o expediente nas repartições públicas e fechado o comércio no dia do funeral.

Art. 76. O Cerimonial do Ministério das Relações Exteriores fará as devidas comunicações às Missões diplomáticas acreditadas junto ao Governo brasileiro, às Missões diplomáticas e Repartições consulares de carreira brasileiras no exterior às Missões brasileiras junto a Organismos Internacionais.

Art. 77. O Chefe do Cerimonial da Presidência da República providenciará a ornamentação fúnebre do Salão de Honra do Palácio Presidencial, transformado em câmara ardente.

Das Honras Fúnebres

Art. 78. Chefe do Cerimonial coordenará a execução das cerimônias fúnebres.

Art. 79. As honras fúnebres serão prestadas de acordo com o cerimonial militar.

Art. 80. Transportado o corpo para a câmara ardente, terá início a visitação oficial e pública, de acordo com o que for determinado pelo Cerimonial do Ministério das Relações Exteriores.

Do Funeral

Art. 81. As cerimônias religiosas serão realizadas na câmara ardente por Ministro da religião do Presidente falecido, depois de terminada a visitação pública.

Art. 82. Em dia e hora marcados para o funeral, em presença de Chefes de Estado estrangeiros, dos Chefes dos Poderes da Nação, Decano do Corpo Diplomático, dos Representantes especiais dos Chefes de Estado estrangeiros designados para as cerimônias e das altas autoridades da República, o Presidente da República, em exercício, fechará a urna funerária.

Parágrafo único. A seguir, o Chefe do Gabinete Militar da Presidência da República e o Chefe do Gabinete Civil Presidência da República cobrirão a urna com o Pavilhão Nacional.

Art. 83. A urna funerária será conduzida da câmara ardente para a carreta por praças das Forças Armadas.

Da Escolta

Art. 84. A escolta será constituída de acordo com o cerimonial militar.

Do Cortejo

Art. 85. Até a entrada do cemitério, o cortejo será organizado da seguinte forma:

— Carreta funerária;

— Carro do Ministro da Religião do Finado; (Se assim for a vontade da família);

— Carro do Presidente da República, em exercício;

— Carro da família;

— Carros de Chefes de Estado estrangeiros;

— Carro do Decano do Corpo Diplomático;

— Carro do Presidente do Congresso Nacional;

— Carro do Presidente da Câmara dos Deputados;

— Carro do Presidente do Supremo Tribunal Federal;

— Carros dos Representantes Especiais dos Chefes de Estado Estrangeiros designados para as cerimônias;

— Carro do Ministro de Estado das Relações Exteriores;

— Carro dos demais Ministros de Estado;

— Carros dos Chefes do Gabinete Militar da Presidência da República, do Chefe do Gabinete Civil da Presidência da República, do Chefe do Estado-Maior das Forças Armadas;

— Carros dos Governadores do Distrito Federal, dos Estados da União e dos Territórios;

— Carros dos membros dos Gabinetes Militar e Civil da Presidência da República.

§ 1º. Ao chegar ao cemitério, os acompanhantes deixarão seus automóveis e farão o cortejo a pé. A urna será retirada da carreta por praças das Forças Armadas que a levarão ao local do sepultamento.

§ 2º. Aguardarão o féretro, junto à sepultura, os Chefes de Missão diplomática acreditados junto ao Governo brasileiro e altas autoridades civis e militares, que serão colocados, segundo a Ordem Geral de Precedência, pelo Chefe do Cerimonial.

Art. 86. O traje será previamente indicado pelo Chefe do Cerimonial.

Art. 87. Realizando-se o sepultamento fora da Capital da República, o mesmo cerimonial será observado até o ponto de embarque do féretro.

Parágrafo único. Acompanharão os despojos autoridades especialmente indicadas pelo Governo Federal cabendo ao Governo do Estado da União ou do Território, onde der a ser efetuado o sepultamento, realizar o funeral com a colaboração das autoridades federais.

Capítulo VIII – Do Falecimento de Autoridades

Art. 88. No caso de falecimento de autoridades civis ou militares, o Governo poderá decretar as honras fúnebres a serem prestadas, não devendo o prazo de luto ultrapassar três dias.

§ 1º. O disposto neste artigo aplica-se à situação de desaparecimento de autoridades civis ou militares, quando haja indícios veementes de morte por acidente.

- *§ 1º renumerado do parágrafo pelo Decreto nº 3.780, de 2.4.2001.*

§ 2º. Em face de notáveis e relevantes serviços prestados ao País pela autoridade falecida, o período de luto a que se refere o caput poderá ser estendido, excepcionalmente, por até sete dias.

- *§ 2º com redação dada pelo Decreto nº 3.780, de 2.4.2001.*

Capítulo IX – Do Falecimento de Chefe de Estado Estrangeiro

Art. 89. Falecendo o Chefe de Estado de um país com representação diplomática no Brasil e recebida pelo Ministro de Estado das Relações Exteriores a comunicação oficial desse fato, o Presidente da República apresentará pêsames ao Chefe da Missão, por intermédio do Chefe do Cerimonial da Presidência da República.

§ 1º. O Cerimonial do Ministério das Relações Exteriores providenciará para que sejam enviadas mensagens telegráficas de pêsames, em nome do Presidente da República, ao sucessor e à família do falecido.

§ 2º. O Ministro de Estado das Relações Exteriores enviará pêsames, por telegrama, ao Ministro das Relações Exteriores do referido país e visitará, por intermédio do Introdutor Diplomático, o Chefe da Nação.

§ 3º. O Chefe da Missão brasileira acreditado no país enlutado apresentará condolências em nome do Governo e associar-se-á às manifestações de pesar que nele se realizarem. A critério do Presidente da República, poderá ser igualmente designado um Representante Especial ou uma missão extraordinária para assistir às exéquias.

§ 4º. O decreto de luto oficial será assinado na pasta da Justiça, a qual fará as competentes comunicações aos Governadores de Estado da União e dos Territórios. O Ministério das Relações Exteriores fará a devida comunicação às Missões diplomáticas brasileiras no exterior.

§ 5º. A Missão diplomática brasileira no país do Chefe de Estado falecido poderá hastear a Bandeira Nacional a meio pau, independentemente do recebimento da comunicação de que trata o parágrafo anterior.

Capítulo X
Do Falecimento do Chefe de Missão Diplomática Estrangeira

Art. 90. Falecendo no Brasil um Chefe de Missão diplomática acreditado junto ao Governo brasileiro o Ministério das Relações Exteriores comunicará o fato, por telegrama, ao representante diplomático brasileiro no país do finado, instruindo-o a apresentar pêsames ao respectivo Governo. O Chefe do Cerimonial concertará com o Decano do Corpo Diplomático e com o substituto imediato do falecido as providências relativas ao funeral.

§ 1º. Achando-se no Brasil a família do finado, o Chefe do Cerimonial da Presidência da República e o Introdutor Diplomático deixarão em sua residência, cartões de pêsames, respectivamente, em nome do Presidente da República e do Ministro de Estado das Relações Exteriores.

§ 2º. Quando o Chefe de Missão for Embaixador, o Presidente da República comparecerá à câmara mortuária ou enviará representante.

§ 3º. À saída do féretro, estarão presentes o Representante do Presidente da República, os Chefes de Missões diplomáticas estrangeiras, o Ministro de Estado das Relações Exteriores e o Chefe do Cerimonial.

§ 4º. O caixão será transportado para o carro fúnebre por praças das Forças Armadas.

§ 5º. O corteja obedecerá à seguinte precedência:

— Escolta fúnebre;

— Carro fúnebre;

— Carro do Ministro da religião do finado;

— Carro da família;

— Carro do Representante do Presidente da República;

— Carro do Decano do Corpo Diplomático;

— Carros dos Embaixadores estrangeiros acreditados perante o Presidente da República;

— Carros de Ministros de Estado;

— Carros dos Enviados Extraordinários e Ministros Plenipotenciários acreditados junto ao Governo brasileiro;

— Carro do substituto do Chefe de Missão falecido;

— Carro dos Encarregados de Negócios Estrangeiros;

— Carros do pessoal da Missão diplomática estrangeira enlutada;

§ 6º. O traje da cerimônia será fixado pelo Chefe do Cerimonial.

Art. 91. Quando o Chefe de Missão diplomática não for sepultado no Brasil, o Ministro das Relações Exteriores, com anuência da família do finado, mandará celebrar ofício religioso, para o qual serão convidados os Chefes de

Missão diplomática acreditados junto ao Governo brasileiro e altas autoridades da República.

Art. 92. As honras fúnebres serão prestadas de acordo com o cerimonial militar.

Art. 93. Quando falecer, no exterior, um Chefe de Missão diplomática acreditado no Brasil, o Presidente da República e o Ministro das Relações Exteriores enviarão, por intermédio do Cerimonial do Ministério das Relações Exteriores, mensagens telegráficas de pêsames, respectivamente, ao Chefe de Estado e ao Ministro das Relações Exteriores do país do finado, e instruções telegráficas ao representante diplomático nele acreditado para apresentar, em nome do Governo brasileiro, condolências à família enlutada. O Introdutor Diplomático, em nome do Ministro de Estado das Relações Exteriores, apresentará pêsames ao Encarregado de Negócios do mesmo país.

Capítulo XII – Das Condecorações

Art. 94. Em solenidades promovidas pelo Governo da União só poderão ser usadas condecorações e medalhas conferidas pelo Governo federal, ou condecorações e medalhas conferidas por Governos estrangeiros.

Parágrafo único. Os militares usarão as condecorações estabelecidas pelos regulamentos de cada Força Armada.

Ordem Geral de Procedência

A ordem de procedência nas cerimônias oficiais de caráter federal na Capital da República, será a seguinte:

1 – Presidente da República

2 – Vice-Presidente da República

Cardeais

Embaixadores estrangeiros

3 – Presidente do Congresso Nacional

Presidente da Câmara dos Deputados

Presidente do Supremo Tribunal Federal

4 – Ministros de Estado

- *Vide art. 2º.*

Chefe do Gabinete Militar da Presidência da República

Chefe do Gabinete Civil da Presidência da República

Chefe do Serviço Nacional de Informações

Chefe do Estado-Maior das Forças Armadas

Consultor-Geral da República

Enviados Extraordinários e Ministros Plenipotenciários estrangeiros

Presidente do Tribunal Superior Eleitoral

Ministros do Supremo Tribunal Federal

Procurador-Geral da República

Governador do Distrito Federal

Governadores dos Estados da União

- *Vide art. 4º.*

Senadores

Deputados Federais

- *Vide arts. 8º a 10.*

Almirantes

Marechais

Marechais-do-Ar.

Chefe do Estado-Maior da Armada

Chefe do Estado-Maior do Exército

Secretário-Geral de Política Exterior

- *Vide art. 2º.*

Chefe do Estado-Maior da Aeronáutica

5 – Almirantes-de-Esquadra

Generais-de-Exército

Embaixadores Extraordinários e Plenipotenciários (Ministros de 1ª classe)

- *Vide art. 4º, § 1º.*

Tenentes-Brigadeiros

Presidente do Tribunal Federal de Recursos

Presidente do Superior Tribunal Militar

Presidente do Tribunal Superior do Trabalho

Ministros do Tribunal Superior Eleitoral

Encarregados de Negócios estrangeiros

6 – Ministros do Tribunal Federal de Recursos

Ministros do Superior Tribunal Militar

Ministros do Tribunal Superior do Trabalho

Vice-Almirantes

Generais-de-Divisão

Embaixadores (Ministros de 1ª classe)

- *Considerem-se apenas os Embaixadores que chefiam ou tenham chefiado Missão diplomática no exterior, tendo apresentado, nessa condição, Cartas Credenciais a Governo estrangeiro. Quando estiverem presente diplomatas estrangeiros, os Embaixadores em apreço terão precedência sobre Almirantes-de-Esquadra e Generais-de-Exército. Em caso de visita de chefe de Estado, Chefe do Governo ou Ministros das Relações Exteriores estrangeiros, o Chefe da Missão diplomática brasileira no país do visitante, sendo Ministro de 1ª classe, terá precedência sobre seus colegas, com exceção do Secretário-Geral de Política Exterior.*

Majores-Brigadeiros

Chefes de Igreja sediados no Brasil

Arcebispos católicos ou equivalentes de outras religiões

Presidente do Tribunal de Justiça do Distrito Federal

Presidente do Tribunal de Contas da União

Presidente do Tribunal Marítimo

Diretores-Gerais das Secretarias do Senado Federal e da Câmara dos Deputados

Procuradores-Gerais da Justiça Militar, Justiça do Trabalho e do Tribunal de Contas da União

Substitutos eventuais dos Ministros de Estado

Secretários-Gerais dos Ministérios

Reitores das Universidades Federais

Diretor-Geral do Departamento de Polícia Federal

Presidente do Banco Central do Brasil

Presidente do Banco do Brasil

Presidente do Banco Nacional de Desenvolvimento Econômico

Presidente do Banco Nacional de Habitação

Secretário da Receita Federal

Ministros do Tribunal de Contas da União

Juízes do Tribunal Superior do Trabalho

Subprocuradores Gerais da República

Personalidades inscritas no Livro do Mérito

Prefeitos das cidades de mais de um milhão (1.000.000) de habitantes

Presidente da Caixa Econômica Federal

Ministros-Conselheiros estrangeiros

Adidos Militares estrangeiros (Oficiais-Generais)

7 – Contra-Almirantes

Generais-de-Brigada

Embaixadores Comissionados ou Ministros de 2ª classe

Brigadeiros-do-Ar

Vice-Governadores dos Estados da União

Presidentes das Assembleias Legislativas dos Estados da União

Presidentes dos Tribunais de Justiça dos Estados da União

Diretor-Geral do Departamento Administrativo do Pessoal Civil

Chefe do Gabinete da Vice-Presidência da República

Subchefes dos Gabinetes Militar e Civil da Presidência da República

Assessor Especial da Presidência da República

Assessor-Chefe da Assessoria Especial de Relações Públicas da Presidência da República

Assistente-Secretário do Chefe do Gabinete Militar da Presidência da República

Secretários Particulares do Presidente da República

Chefe do Cerimonial da Presidência da República

Secretários de Imprensa da Presidência da República.

Diretor-Geral da Agência Nacional

Presidente da Central de Medicamentos

Chefe do Gabinete da Secretaria Geral do Conselho de Segurança Nacional

Chefe de Informações

Chefe do Gabinete do Estado-Maior das Forças Armadas

Chefe Nacional de Informações

Chefes dos Gabinetes dos Ministros de Estado

Presidente do Conselho Nacional de Pesquisas

Presidente do Conselho Federal de Educação

Presidente do Conselho Federal de Cultura

Governadores dos Territórios

Chanceler da Ordem Nacional do Mérito

Presidente da Academia Brasileira de Letras

Presidente da Academia Brasileira de Ciências

Presidente da Associação Brasileira de Imprensa

Diretores do Gabinete Civil da Presidência da República

Diretores-Gerais de Departamento dos Ministérios

Superintendentes de Órgãos Federais

Presidentes dos Institutos e Fundações Nacionais

Presidentes dos Conselhos e Comissões Federais

Presidentes das Entidades Autárquicas, Sociedades de Economia Mista e Empresas Públicas de âmbito nacional

Presidentes dos Tribunais Regionais Eleitorais

Presidentes dos Tribunais Regionais do Trabalho

Presidentes dos Tribunais de Contas do Distrito Federal e dos Estados da União

Presidentes dos Tribunais de Alçada dos Estados da União

Reitores das Universidades Estaduais e Particulares

Membros do Conselho Nacional de Pesquisas

Membros do Conselho Nacional de Educação

Membros do Conselho Federal de Cultura

Secretários de Estado do Governo do Distrito Federal

Bispos católicos ou equivalentes de outras religiões

Conselheiros estrangeiros

Cônsules-Gerais estrangeiros

Adidos e Adjuntos Militares estrangeiros (Capitães-de-Mar-e-Guerra, Coronéis-Aviadores)

8 – Presidente das Confederações Patronais e de Trabalhadores de âmbito nacional

Consultores Jurídicos dos Ministérios

Membros da Academia Brasileira de Letras

Membros da Academia Brasileira de Ciências

Diretores do Banco Central do Brasil

Diretores do Banco do Brasil

Diretores do Banco Nacional de Desenvolvimento Econômico

Diretores do Banco Nacional de Habitação

Capitães-de-Mar-e-Guerra

Coronéis

Conselheiros

Coronéis-Aviadores

Secretários de Estado dos Governos dos Estados da União

Deputados Estaduais

Desembargadores dos Tribunais de Justiça do Distrito Federal e dos Estados da União

Adjuntos dos Gabinetes Militares e Civil da Presidência da República

Procuradores-Gerais do Distrito Federal e dos Estados da União

Prefeitos das Capitais dos Estados da União e das cidades de mais de quinhentos mil (500.000) habitantes.

Primeiros Secretários estrangeiros

Procuradores da República nos Estados da União

Consultores-Gerais do Distrito Federal e dos Estados da União

Juízes do Tribunal Marítimo

Juízes dos Tribunais Regionais Eleitorais

Juízes dos Tribunais Regionais do Trabalho

Presidentes das Câmaras Municipais das cidades de mais de um milhão (1.000.000) de habitantes

Adidos e Adjuntos Militares estrangeiros (Capitães-de-Fragata, Tenentes-Coronéis e Tenentes-Coronéis-Aviadores)

9 – Juízes dos Tribunais de Contas do Distrito Federal e dos Estados da União.

Juízes dos Tribunais de Alçadas dos Estados da União

Delegados dos Ministérios nos Estados da União

Presidentes dos Institutos e Fundações Regionais e Estaduais

Presidentes das Entidades Autárquicas, Sociedades de Economia Mista e Empresas Públicas de âmbito regional ou estadual.

Monsenhores católicos ou equivalentes de outras regiões.

Ajudantes-de-Ordem do Presidente da República (Majores)

Capitães-de-Fragata

Tenentes-Coronéis

Primeiros Secretários

Tenentes-Coronéis-Aviadores

Chefes do Serviço da Presidência da República

Presidentes das Federações Patronais e de Trabalhadores de âmbito regional ou estadual

Presidentes das Câmaras Municipais das Capitais dos Estados da União e das cidades de mais de quinhentos mil (500.000) habitantes

Juízes de Direito

Procuradores Regionais do Trabalho

Diretores de Repartições Federais

Auditores da Justiça Militar

Auditores do Tribunal de Contas

Promotores Públicos

Procuradores Adjuntos da República

Diretores das Faculdades Estaduais Particulares

Segundos Secretários

Cônsules estrangeiros

Adidos e Adjuntos Militares estrangeiros (Capitães-de-Corveta, Majores e Majores-Aviadores

10 – Ajudantes-de-Ordem do Presidente da República (Capitães)

Adjuntos dos Serviços da Presidência da República

Oficiais do Gabinete Civil da Presidência da República

Chefes de Departamento das Universidades Federais

Diretores de Divisão dos Ministérios

Prefeitos das cidades de mais de cem mil (100.000) habitantes

Capitães-de-Corveta

Majores

Segundos Secretários

Majores-Aviadores

Secretários-Gerais dos Territórios

Diretores de Departamento das Secretarias do Distrito Federal e dos Estados da União

Presidente dos Conselhos Estaduais

Chefes de Departamento das Universidades Estaduais e Particulares

Presidentes das Câmaras Municipais das cidades de mais de cem mil (100.000) habitantes

Terceiros Secretários estrangeiros

Adidos e Adjuntos Militares estrangeiros (Capitães-Tenentes, Capitães e Capitães-Aviadores).

11 – Professores de Universidade

Prefeitos Municipais

Cônegos católicos ou “equivalentes” de outras religiões

Capitães-Tenentes

Capitães

Terceiros Secretários

Capitães-Aviadores

Presidentes das Câmaras Municipais

Diretores de Repartições do Distrito Federal, dos Estados da União e Territórios

Diretores de Escolas de Ensino Secundário

Vereadores Municipais

A ordem de precedência, nas cerimônias oficiais, nos Estados da União, com a presença de autoridades federais, será a seguinte:

1 – Presidente da República

2 – Vice-Presidente da República

- *Vide art. 2º.*

Governador do Estado da União em que se processa a cerimônia

Cardeais

Embaixadores estrangeiros

3 – Presidente do Congresso Nacional

Presidente da Câmara dos Deputados

Presidente do Supremo Tribunal Federal

4 – Ministros de Estado

- *Vide art. 4º.*

Chefe do Gabinete Militar da Presidência da República

Chefe do Gabinete Civil da Presidência da República

Presidência da República

Chefe de Serviço Nacional de Informações

Chefe do Estado-Maior das Forças Armadas

Consultor-Geral da República

Vice-Governador do Estado da União em que se processa a cerimônia

Presidente da Assembleia Legislativa do Estado da União em que se processa a cerimônia

Presidente do Tribunal de Justiça do Estado em que se processa a cerimônia

Enviados Extraordinários e Ministros Plenipotenciários estrangeiros

Presidente do Tribunal Superior Eleitoral

Ministro do Supremo Tribunal Federal

Procurador-Geral da República

Governadores dos outros Estados da União e do Distrito Federal

- *Vide arts. 8º a 10.*

Senadores

Deputados Federais

- *Vide art. 9º.*

Almirantes

Marechais

Marechais-do-Ar

Chefe do Estado-Maior da Armada

Chefe do Estado-Maior do Exercito

Secretário-Geral da Política Exterior (*5)

- *Vide art. 4º, § 1º.*

Chefe do Estado-Maior da Aeronáutica

5 – Almirantes-de-Esquadra

Generais-de-Exército

Embaixadores Extraordinário e Plenipotenciários (Ministros de 1ª classe)

- *Consideram-se apenas os Embaixadores que chefiam ou tenham chefiado Missão diplomática no exterior, tendo apresentado, nessa condição, Cartas Credenciais a Governador Estrangeiro. Quando estiverem presentes diplomatas estrangeiros, os Embaixadores em apreço terão precedência sobre Almirantes-de-Esquadra e Generais-de-Exército. Em caso de visita de Chefe de Estado, Chefe do Governo ou Ministro das Relações Exteriores estrangeiros, o Chefe da Missão diplomática brasileira no país do visitante, sendo Ministro de 1ª classe, terá precedência sobre seus colegas, com exceção do Secretário-Geral de Política Exterior.*

Tenentes-Brigadeiros

Presidente do Tribunal Federal de Recursos

Presidente do Tribunal Superior Militar

Presidente do Tribunal Superior do Trabalho

Ministros do Tribunal Superior Eleitoral

Prefeito da Capital estadual em que se processa a cerimônia

Encarregados de Negócios estrangeiros

6 – Ministros do Tribunal Federal de Recursos

Ministros do Superior Tribunal Militar

Ministros do Tribunal Superior do Trabalho

Vice-Almirante

Generais-de-Divisão

Embaixadores (Ministros de 1ª classe)

Majores-Brigadeiros

Chefes de Igreja sediados no Brasil

Arcebispos católicos ou equivalentes de outras religiões

Presidente do Tribunal de Contas da União

Presidente do Tribunal Marítimo

Diretores-Gerais das Secretarias do Senado Federal e da Câmara dos Deputados

Substitutos eventuais dos Ministros de Estado

Secretários-Gerais dos Ministérios

Reitores da universidades Federais

Diretor-Geral do Departamento de Polícia Federal

Presidente do Banco Central do Brasil

Presidente do Banco do Brasil

Presidente do Banco Nacional de Desenvolvimento Econômico

Presidente do Banco Nacional de Habilitação

Ministros do Tribunal de Contas da União

Juízes do Tribunal Superior do Trabalho

Subprocuradores-Gerais da República

Procuradores-Gerais da Justiça Militar

Procuradores-Gerais da Justiça do Trabalho

Procuradores-Gerais do Tribunal de Contas da União

Vice-Governadores de outros Estados da União

Secretário da Receita Federal

Personalidades inscritas no Livro do Mérito

Prefeitos da cidade em que se processa a cerimônia

Presidente da Câmara Municipal da cidade em que se processa a cerimônia

Juiz de Direito da Comarca em que se processa a cerimônia

Prefeitos das cidades de mais de um milhão (1.000.000) de habitantes

Presidente da Caixa Econômica Federal

Ministros-Conselheiros estrangeiros

Cônsules-Gerais estrangeiros
Adidos Militares estrangeiros
(Oficiais Generais)

7 – Contra-Almirantes
Generais-de-Brigada
Embaixadores Comissionados ou Ministros de 2ª classe
Brigadeiros-do-Ar
Direito-Geral do Departamento Administrativo do Pessoal Civil
Chefe do Gabinete da Vice-Presidência da República
Subchefes dos Gabinetes Militar e Civil da Presidência da República
Assessor Especial da Presidência da República
Assessor-Chefe da Assessoria Especial de Relações Públicas da Presidência da República.
Assistente-Secretário do Chefe do Gabinete Militar da Presidência da República
Secretários Particulares do Presidente da República
Chefe do Cerimonial da Presidência da República
Secretários de Imprensa da Presidência da República
Diretor-Geral da Agência Nacional
Presidente da Central de Medicamentos
Chefe do Gabinete da Secretaria Geral do Conselho de Segurança Nacional
Chefe do Gabinete do Serviço Nacional de Informações
Chefe do Gabinete do Estado-Maior das Forças Armadas
Chefe da Agência Central do Serviço Nacional de Informações
Presidente do Tribunal Regional Eleitoral
Governadores dos Territórios
Procurador da República no Estado
Procurador-Geral do Estado
Presidente do Tribunal Regional do Trabalho
Presidente do Tribunal de Contas do Estado
Presidente do Tribunal de Alçado do Estado
Presidente do Conselho Nacional de Pesquisas
Presidente do Conselho Federal de Educação
Presidente do conselho Federal de Cultura

Chanceler da Ordem Nacional do Mérito

Presidente da Academia Brasileira de Letras

Presidente da Academia Brasileira de Ciências

Presidente da Associação Brasileira de Imprensa

Diretores do Gabinete Civil da Presidência da República

Diretores-Gerais dos Departamentos de Ministérios

Superintendentes de Órgãos Federais

Presidentes dos Institutos e Fundações Nacionais

Presidentes dos Conselhos e Comissões Federais

Presidentes das Entidades Autárquicas, Sociedade de Economia Mista e Empresas Públicas de âmbito nacional

Chefes dos Gabinetes dos Ministros de Estado

Reitores das Universidades Estaduais e Particulares

Membros do Conselho Nacional de Pesquisas

Membros do Conselho Federal de Educação

Membros do Conselhos Federal de Cultura

Secretários do Governo do Estado em que se processa a cerimônia

Bispos católicos ou equivalentes de outras religiões

Conselheiros estrangeiros

Adidos e Adjuntos Militares estrangeiros (Capitães-de-Mar-e-Guerra, Coronéis e Coronéis-Aviadores)

8 – Presidentes das Confederações Patronais e de Trabalhadores de âmbito nacional

Consultores Jurídicos dos Ministérios

Membros da Academia Brasileira de Letras

Membros da Academia Brasileira de Ciências

Diretores do Banco Central do Brasil

Diretores do Banco do Brasil

Diretores do Banco Nacional de Desenvolvimento Econômico

Diretores do Banco Nacional de Habitação

Capitães-de-Mar-e-Guerra

Coronéis

Conselheiros

Coronéis-Aviadores

Deputados do Estado em que se processa a cerimônia

Desembargadores do Tribunal de Justiça do Estado em que se processa a cerimônia

Adjuntos dos Gabinetes Militar e Civil da Presidência da República

Prefeitos das cidades de mais de quinhentos mil (500.000) habitantes

Delegados dos Ministérios no Estado em que se processa a cerimônia

Primeiros Secretários estrangeiros

Cônsules estrangeiros

Consultor-Geral do Estado em que se processa a cerimônia Juízes do Tribunal Marítimo Juízes do Tribunal Regional Eleitoral do Estado em que se processa a cerimônia

Juízes do Tribunal Regional do Trabalho do Estado em que se processa a cerimônia

Presidentes das Câmaras Municipais da Capital e das cidades de mais de um milhão (1.000.000) de habitantes.

Adidos e Adjuntos Militares estrangeiros (Capitães-de-Fragata, Tenentes-Coronéis e Tenentes-Coronéis-Aviadores)

9 – Juiz Federal

Juízes do Tribunal de Contas do Estado em que se processa a cerimônia

Juízes do Tribunal de Alçada do Estado em que se processa a cerimônia

Presidentes dos Institutos e Fundações Regionais e Estaduais

Presidentes das Entidades Autárquicas, Sociedades de Economia Mista e Empresas Públicas de âmbito regional ou Estadual Diretores das Faculdades Federais

Monsenhores católicos ou equivalentes de outras religiões

Ajudantes-de-Ordem do Presidente da República (Majores)

Capitães-de-Fragata

Tenentes-Coronéis

Primeiros-Secretários

Tenentes-Coronéis-Aviadores

Chefes de Serviço da Presidência da República

Presidentes das Federações Patrimoniais e de Trabalhadores de âmbito regional ou estadual

Presidentes das Câmaras Municipais das Capitais dos Estados da união e das cidades de mais de quinhentos mil (500.000) habitantes

Juízes de Direito

Procuradores Regionais do Trabalho

Diretores de Repartições Federais

Auditores da Justiça Militar

Auditores do Tribunal de Contas

Promotores Públicos

Procuradores Adjuntos da República

Diretores das Faculdades Estaduais e Particulares

Segundos Secretários estrangeiros

Vice-Cônsules estrangeiros

Adidos e Adjuntos Militares estrangeiros (Capitães-de-Corveta, Majores e Majores-Aviadores)

10 – Ajudante-de-Ordem do Presidente da República (Capitães)

Adjuntos dos Serviços da Presidência da República

Oficiais do Gabinete Civil da Presidência da República

Chefes de Departamento das Universidades Federais

Diretores de Divisão dos Ministérios

Prefeitos das cidades de mais de cem mil (100.000) habitantes Capitães-de-Corveta

Majores

Segundos Secretários

Majores-Aviadores

Secretários-Gerais dos Territórios

Diretores de Departamento das Secretarias do Estado em que se processa a cerimônia

Presidentes dos Conselhos Estaduais

Chefes de Departamento das Universidades Estaduais e Particulares

Presidentes das Câmaras Municipais das cidades de mais de cem mil (100.000) habitantes

Terceiros Secretários estrangeiros

Adidos e Adjuntos Militares estrangeiros (Capitães-Tenentes, Capitães e Capitães-Aviadores)

11 – Professores de Universidade e demais Prefeitos Municipais

Cônegos católicos ou equivalentes de outras religiões

Capitães-Tenentes

Capitães

Terceiros Secretários

Capitães-Aviadores

Presidentes das demais Câmaras Municiais
Diretores de Repartições do Estado em que se processa a cerimônia
Diretores de Escolas de Ensino Secundário
Vereadores Municipais

A ordem de precedência nas cerimônias oficiais, de caráter estadual, será a seguinte:

1 – Governador
Cardeais

2 – Vice-Governador

3 – Presidente da Assembleia Legislativa
Presidente do Tribunal de Justiça

4 – Almirante-de-Esquadra
Generais-de-Exército
Tententes-Brigadeiros
Prefeito da Capital estadual em que se processa a cerimônia

5 – Vice-Almirantes
Generais-de-Divisão
Majores-Brigadeiros
Chefes de Igreja sediados no Brasil
Arcebispos católicos ou equivalentes em outras religiões
Reitores das Universidades Federais
Personalidades inscritas no Livro do Mérito
Prefeito da cidade em que se processa a cerimônia
Presidente da Câmara Municipal da cidade em que se processa a cerimônia
Juiz de Direito da Comarca em que se processa a cerimônia
Prefeitos das cidades de mais de um milhão (1.000.000) de habitantes

6 – Contra-Almirantes
Generais-de-Brigada
Brigadeiros-do-Ar
Presidente do Tribunal Regional Eleitoral
Procurador Regional da República no Estado
Procurador-Geral do Estado
Presidente do Tribunal Regional do Trabalho

Presidente do Tribunal de Contas

Presidente do Tribunal de Alçada

Chefe da Agência do Serviço Nacional de Informações

Superintendentes de Órgãos Federais

Presidentes dos Institutos e Fundações Nacionais

Presidentes dos Conselhos e Comissões Federais

Presidentes das Entidades Autárquicas, sociedades de Economia Mista e Empresas Públicas de âmbito nacional

Reitores das Universidades Estaduais e Particulares

Membros do Conselho Nacional de Pesquisas

Membros do Conselho Federal de Educação

Membros do Conselho Federal de Cultura

Secretários de Estado

Bispo católicos ou equivalentes de outras religiões

7 – Presidentes das Confederações Patronais e de Trabalhadores de âmbito nacional

Membros da Academia Brasileira de Letras

Membros da Academia Brasileira de Ciências

Diretores do Banco Central do Brasil

Diretores do Banco do Brasil

Diretores do Banco Nacional de Desenvolvimento Econômico

Diretores do Banco Nacional de Habitação

Capitães-de-Mar-e-Guerra

Coronéis

Coronéis-Aviadores

Deputados Estaduais

Desembargadores do Tribunal de Justiça

Prefeitos das cidades de mais de quinhentos mil (500.000) habitantes

Delegados dos Ministérios

Cônsules estrangeiros

Consultor-Geral do Estado

Juízes do Tribunal Regional Eleitoral

Juízes do Tribunal Regional do Trabalho

Presidentes das Câmaras Municipais da Capital e das cidades de mais de um milhão (1.000.000) habitantes

8 – Juiz Federal

Juiz do Tribunal de Contas

Juízes do Tribunal de Alçada

Presidentes dos Institutos e Fundações Regionais e Estaduais

Presidentes das Entidades Autárquicas, Sociedades de Economia Mista e Empresas Públicas de âmbito regional ou estadual

Diretores das Faculdades Federais

Monsenhores católicos ou equivalentes de outras religiões

Capitães-de-Fragata

Tenentes-Coronéis

Tenentes-Coronéis-Aviadores

Presidentes das Federações Patronais e de Trabalhadores de âmbito regional ou estadual

Presidentes das Câmaras Municipais das cidades de mais de quinhentos mil (500.000) habitantes

Juízes de Direito

Procurador Regional do Trabalho

Auditores da Justiça Militar

Auditores do Tribunal de Contas

Promotores Públicos

Diretores das Faculdades Estaduais e Particulares

Vice-Cônsules estrangeiros

9 – Chefes de Departamento das Universidades Federais Prefeitos das cidades de mais de cem mil (100.000) habitantes

Capitães-de-Coverta

Majores

Majores-Aviadores

Diretores de Departamento das Secretarias

Presidentes dos Conselhos Estaduais

Chefes de Departamento das Universidades Estaduais e Particulares

Presidentes das Câmaras Municipais das cidades de mais de cem mil (100.000) habitantes

10 – Professores de Universidade Demais Prefeitos Municipais

Cônegos católicos ou equivalentes de outras religiões

Capitães-Tenentes

Capitães

Capitães-Aviadores
Presidentes das demais Câmaras Municipais
Diretores de Repartição
Diretores de Escolas de Ensino Secundário
Vereadores Municipais

CERIMONIAL
DAS FORÇAS ARMADAS

CERIMONIAL DAS FORÇAS ARMADAS

DECRETO Nº 6.806, DE 25 DE MARÇO DE 2009

Delega competência ao Ministro de Estado da Defesa para aprovar o Regulamento de Continências, Honras, Sinais de Respeito e Cerimonial Militar das Forças Armadas.

O Presidente da República, no uso da atribuição que lhe confere o art. 84, inciso VI, alínea "a", e parágrafo único, da Constituição, e tendo em vista o disposto no art. 12 da Lei nº 9.784, de 29 de janeiro de 1999,

Decreta:

Art. 1º. É delegada competência ao Ministro de Estado da Defesa, vedada a subdelegação, para aprovar o Regulamento de Continências, Honras, Sinais de Respeito e Cerimonial Militar das Forças Armadas.

Art. 2º. O Regulamento de Continências, Honras, Sinais de Respeito e Cerimonial Militar das Forças Armadas, cujas prescrições serão aplicáveis às situações diárias da vida castrense, estando o militar de serviço ou não, em área militar ou em sociedade, nas cerimônias e solenidades de natureza militar ou cívica, terá por finalidade:

I – estabelecer as honras, as continências e os sinais de respeito que os militares prestam a determinados símbolos nacionais e às autoridades civis e militares;

II – regular as normas de apresentação e de procedimento dos militares, bem como as formas de tratamento e a precedência; e

III – fixar as honras que constituem o Cerimonial Militar no que for comum às Forças Armadas.

Art. 3º. O Regulamento de Continências, Honras, Sinais de Respeito e Cerimonial Militar das Forças Armadas observará os seguintes preceitos:

I – terão continências:

a) a Bandeira Nacional:

1. ao ser hasteada ou arriada diariamente em cerimônia militar ou cívica;

2. por ocasião da cerimônia de incorporação ou desincorporação nas formaturas;

3. quando conduzida por tropa ou por contingente de Organização Militar;

4. quando conduzida em marcha, desfile ou cortejo, acompanhada por guarda ou por organização civil em cerimônia cívica; e

5. quando, no período compreendido entre oito horas e o pôr do sol, um militar entra a bordo de navio de guerra ou dele sai ou quando, na situação de "embarcado", avista-a ao entrar a bordo pela primeira vez ou ao sair pela última vez;

b) o Hino Nacional, quando executado em solenidade militar ou cívica;

c) o Presidente da República;

d) o Vice-Presidente da República;

e) os Presidentes do Senado Federal, da Câmara dos Deputados e do Supremo Tribunal Federal;

f) o Ministro de Estado da Defesa;

g) os demais Ministros de Estado quando em visita de caráter oficial;

h) os Governadores de Estado, de Territórios Federais e do Distrito Federal nos respectivos territórios ou, quando reconhecidos ou identificados, em qualquer parte do País em visita de caráter oficial;

i) os Ministros do Superior Tribunal Militar quando reconhecidos ou identificados;

j) os militares da ativa das Forças Armadas, mesmo em traje civil; nesse último caso, quando for obrigatório o seu reconhecimento em função do cargo que exerce ou, para os demais militares, quando reconhecidos ou identificados;

l) os militares da reserva ou reformados quando reconhecidos ou identificados;

m) a tropa quando formada;

n) as Bandeiras e os Hinos das Nações Estrangeiras, nos casos das alíneas "a" e "b" deste inciso;

o) as autoridades civis estrangeiras correspondentes às constantes das alíneas "c" a "h" deste inciso quando em visita de caráter oficial;

p) os militares das Forças Armadas estrangeiras quando uniformizados e, se em trajes civis, quando reconhecidos ou identificados; e

q) os integrantes das Polícias Militares e dos Corpos de Bombeiros Militares, corporações consideradas forças auxiliares e reserva do Exército;

II – terão continência da tropa os símbolos e as autoridades relacionadas nas alíneas "a" a "j", "m" a "o" e "q" do inciso I deste artigo e, ainda:

a) os militares da reserva ou reformados quando uniformizados; e

b) os militares das Forças Armadas estrangeiras quando uniformizados;

III – terão direito a honras militares:

a) o Presidente da República;

b) o Vice-Presidente da República;

c) o Congresso Nacional e o Supremo Tribunal Federal quando incorporados;

d) o Ministro de Estado da Defesa;

e) os demais Ministros de Estado quando em visita de caráter oficial a organização militar;

f) os Comandantes da Marinha, do Exército e da Aeronáutica;

g) o Superior Tribunal Militar quando incorporado;

h) os militares das Forças Armadas;

i) os Governadores dos Estados, dos Territórios Federais e do Distrito Federal quando em visita de caráter oficial a organização militar;

j) os Chefes de Missão Diplomática;

l) os Ministros Plenipotenciários de Nações Estrangeiras e os Enviados Especiais; e

m) outras autoridades, desde que expressa e excepcionalmente determinado pelo Presidente da República, pelo Ministro de Estado da Defesa ou pelo Comandante da Força Singular que prestará a homenagem; e

IV – às autoridades estrangeiras, civis e militares, serão prestadas as continências conferidas às autoridades brasileiras equivalentes.

Art. 4º. As bandeiras-insígnias ou os distintivos de Presidente da República, de Vice-Presidente da República e de Ministro de Estado da Defesa serão instituídos em ato do Presidente da República.

Parágrafo único. As bandeiras-insígnias ou os distintivos de Comandante da Marinha, do Exército, da Aeronáutica e de Chefe do Estado-Maior de Defesa serão instituídos em ato do Ministro de Estado da Defesa.

Art. 5º. O Ministro de Estado da Defesa proporá, no prazo de trinta dias a contar da data da publicação deste Decreto, ato de aprovação da bandeira-insígnia correspondente ao seu cargo.

Art. 6º. O cerimonial específico de cada Força Singular será aprovado por ato do Ministro de Estado da Defesa ou, por subdelegação deste, do respectivo Comandante.

Art. 7º. O Regulamento de Continências, Honras, Sinais de Respeito e Cerimonial Militar das Forças Armadas deverá ser aprovado pelo Ministro de

Estado da Defesa no prazo de sessenta dias a contar da data de publicação deste Decreto.

Art. 8º. Este Decreto entra em vigor na data de sua publicação.

Art. 9º. Ficam revogados, no prazo de sessenta dias a contar da data de publicação deste Decreto, os Decretos nºs:

I – 2.243, de 3 de junho de 1997; e

II – 4.447, de 29 de outubro de 2002.

Brasília, 25 de março de 2009; 188º da Independência e 121º da República.

Luiz Inácio Lula da Silva

DOU de 26.3.2009

PORTARIA NORMATIVA Nº 660/MD, DE 19 DE MAIO DE 2009

Aprova o Regulamento de Continências, Honras, Sinais de Respeito e Cerimonial Militar das Forças Armadas.

- *Vide Decreto nº 6.806, de 25 de março de 2009 – Delega competência ao Ministro de Estado da Defesa para aprovar o Regulamento de Continências, Honras, Sinais de Respeito e Cerimonial Militar das Forças Armadas.*

O Ministro de Estado da Defesa, no uso da atribuição que lhe confere o inciso II do parágrafo único do art. 87 da Constituição, e considerando a competência delegada pelo Decreto nº 6.806, de 25 de março de 2009, resolve:

Art. 1º. Aprovar o Regulamento de Continências, Honras, Sinais de Respeito e Cerimonial Militar das Forças Armadas, na forma dos Anexos I e II a esta Portaria Normativa.

Art. 2º. Esta Portaria Normativa entra em vigor no dia 25 de maio de 2009.

Nelson A. Jobim

DOU de 21.5.2009

ANEXO I

REGULAMENTO DE CONTINÊNCIAS, HONRAS, SINAIS DE RESPEITO E CERIMONIAL MILITAR DAS FORÇAS ARMADAS

TÍTULO I – DA FINALIDADE

Art. 1º. Este Regulamento tem por finalidade:

I – estabelecer as honras, as continências e os sinais de respeito que os militares prestam a determinados símbolos nacionais e às autoridades civis e militares;

II – regular as normas de apresentação e de procedimento dos militares, bem como as formas de tratamento e a precedência;

III – fixar as honras que constituem o Cerimonial Militar no que for comum às Forças Armadas.

Parágrafo único. As prescrições deste Regulamento aplicam-se às situações diárias da vida castrense, estando o militar de serviço ou não, em área militar ou em sociedade, nas cerimônias e solenidades de natureza militar ou cívica.

TÍTULO II – DOS SINAIS DE RESPEITO E DA CONTINÊNCIA

Capitulo I – Generalidades

Art. 2º. Todo militar, em decorrência de sua condição, obrigações, deveres, direitos e prerrogativas, estabelecidos em toda a legislação militar, deve tratar sempre:

I – com respeito e consideração os seus superiores hierárquicos, como tributo à autoridade de que se acham investidos por lei;

II – com afeição e camaradagem os seus pares;

III – com bondade, dignidade e urbanidade os seus subordinados.

§ 1º. Todas as formas de saudação militar, os sinais de respeito e a correção de atitudes caracterizam, em todas as circunstâncias de tempo e lugar, o espírito de disciplina e de apreço existentes entre os integrantes das Forças Armadas.

§ 2º. As demonstrações de respeito, cordialidade e consideração, devidas entre os membros das Forças Armadas, também o são aos integrantes das Polícias Militares, dos Corpos de Bombeiros Militares e aos Militares das Nações Estrangeiras.

Art. 3º. O militar manifesta respeito e apreço aos seus superiores, pares e subordinados:

I – pela continência;

II – dirigindo-se a eles ou atendendo-os, de modo disciplinado;

III – observando a precedência hierárquica; e

IV – por outras demonstrações de deferência.

§ 1º. Os sinais regulamentares de respeito e de apreço entre os militares constituem reflexos adquiridos mediante cuidadosa instrução e continuada exigência.

§ 2º. A espontaneidade e a correção dos sinais de respeito são índices seguros do grau de disciplina das corporações militares e da educação moral e profissional dos seus componentes.

§ 3º. Os sinais de respeito e apreço são obrigatórios em todas as situações, inclusive nos exercícios no terreno e em campanha.

Capítulo II – Dos Sinais de Respeito

Art. 4º. Quando dois militares se deslocam juntos, o de menor antiguidade dá a direita ao superior.

Parágrafo único. Se o deslocamento se fizer em via que tenha lado interno e lado externo, o de menor antiguidade dá o lado interno ao superior.

Art. 5º. Quando os militares se deslocam em grupo, o mais antigo fica no centro, distribuindo-se os demais, segundo suas precedências, alternadamente à direita e à esquerda do mais antigo.

Art. 6º. Quando encontrar um superior num local de circulação, o militar saúda-o e cede-lhe o melhor lugar.

§ 1º. Se o local de circulação for estreito e o militar for praça, franqueia a passagem ao superior, faz alto e permanece de frente para ele.

§ 2º. Na entrada de uma porta, o militar franqueia-a ao superior; se estiver fechada, abre-a, dando passagem ao superior e torna a fechá-la depois.

Art. 7º. Em local público onde não estiver sendo realizada solenidade cívico-militar, bem como em reuniões sociais, o militar cumprimenta, tão logo lhe seja possível, seus superiores hierárquicos.

Parágrafo único. Havendo dificuldade para aproximar-se dos superiores hierárquicos, o cumprimento deve ser feito mediante um movimento de cabeça.

Art. 8º. Para falar a um superior, o militar emprega sempre o tratamento "Senhor" ou "Senhora".

§ 1º. Para falar, formalmente, ao Ministro de Estado da Defesa, o tratamento é "Vossa Excelência" ou "Senhor Ministro"; nas relações correntes de serviço, no entanto, é admitido o tratamento de "Ministro" ou "Senhor".

§ 2º. Para falar, formalmente, a um oficial-general, o tratamento é "Vossa Excelência", "Senhor Almirante", "Senhor General" ou "Senhor Brigadeiro", conforme o caso; nas relações correntes de serviço, no entanto, é admitido o tratamento de "Almirante", "General" ou "Brigadeiro", conforme o caso, ou ainda, de "Senhor".

§ 3º. Para falar, formalmente, ao Comandante, Diretor ou Chefe de Organização Militar, o tratamento é "Senhor Comandante", "Senhor Diretor", "Senhor Chefe", conforme o caso; nas relações correntes de serviço, é admitido o tratamento de "Comandante", "Diretor" ou "Chefe".

§ 4º. No mesmo posto ou graduação, poderá ser empregado o tratamento "você", respeitadas as tradições e peculiaridades de cada Força Armada.

Art. 9º. Para falar a um mais moderno, o superior emprega o tratamento "você".

Art. 10. Todo militar, quando for chamado por um superior, deve atendê-lo o mais rápido possível, apressando o passo quando em deslocamento.

Art. 11. Nos refeitórios, os oficiais observam, em princípio, as seguintes prescrições:

I – aguardam, para se sentarem à mesa, a chegada do Comandante, Diretor ou Chefe, ou da mais alta autoridade prevista para a refeição;

II – caso a referida autoridade não possa comparecer à hora marcada para o início da refeição, esta é iniciada sem a sua presença; à sua chegada, a refeição não é interrompida, levantando-se apenas os oficiais que tenham assento à mesa daquela autoridade;

III – ao terminar a refeição, cada oficial levanta-se e pede permissão ao mais antigo para retirar-se do recinto, podendo ser delegada ao mais antigo de cada mesa a autorização para concedê-la;

IV – o oficial que se atrasar para a refeição deve apresentar-se à maior autoridade presente e pedir permissão para sentar-se; e

V – caso a maior autoridade presente se retire antes que os demais oficiais tenham terminado a refeição, apenas se levantam os que tenham assento à sua mesa.

§ 1º. Os refeitórios de grande frequência e os utilizados por oficiais de diversas Organizações Militares podem ser regidos por disposições específicas.

§ 2º. Nos refeitórios de suboficiais, subtenentes e sargentos deve ser observado procedimento análogo ao dos oficiais.

Art. 12. Nos ranchos de praças, ao neles entrar o Comandante, Diretor ou Chefe da Organização Militar ou outra autoridade superior, a praça de serviço, o militar mais antigo presente ou o que primeiro avistar aquela autoridade comanda: “Rancho, Atenção!” e anuncia a função de quem chega; as praças, sem se levantarem e sem interromperem a refeição, suspendem toda a conversação, até que seja dado o comando de “À vontade”.

Art. 13. Sempre que um militar precisar sentar-se ao lado de um superior, deve solicitar-lhe a permissão.

Capítulo III – Da Continência

Art. 14. A continência é a saudação prestada pelo militar e pode ser individual ou da tropa.

§ 1º. A continência é impessoal; visa à autoridade e não à pessoa.

§ 2º. A continência parte sempre do militar de menor precedência hierárquica; em igualdade de posto ou graduação, quando ocorrer dúvida sobre qual seja o de menor precedência, deve ser executada simultaneamente.

§ 3º. Todo militar deve, obrigatoriamente, retribuir a continência que lhe é prestada; se uniformizado, presta a continência individual; se em trajes civis, responde-a com um movimento de cabeça, com um cumprimento verbal ou descobrindo-se, caso esteja de chapéu.

Art. 15. Têm direito à continência:

I – a Bandeira Nacional:

a) ao ser hasteada ou arriada diariamente, em cerimônia militar ou cívica;

b) por ocasião da cerimônia de incorporação ou desincorporarão, nas formaturas;

c) quando conduzida por tropa ou por contingente de Organização Militar;

d) quando conduzida em marcha, desfile ou cortejo, acompanhada por guarda ou por organização civil, em cerimônia cívica;

e) quando, no período compreendido entre oito horas e o pôr do sol, um militar entra a bordo de um navio de guerra ou dele sai, ou, quando na situação de "embarcado", avista-a ao entrar a bordo pela primeira vez, ou ao sair pela última vez;

II – o Hino Nacional, quando executado em solenidade militar ou cívica;

III – o Presidente da República;

IV – o Vice-Presidente da República;

V – os Presidentes do Senado Federal, da Câmara dos Deputados e do Supremo Tribunal Federal;

VI – o Ministro de Estado da Defesa;

VII – os demais Ministros de Estado, quando em visita de caráter oficial;

VIII – os Governadores de Estado, de Territórios Federais e do Distrito Federal, nos respectivos territórios, ou, quando reconhecidos ou identificados, em qualquer parte do País em visita de caráter oficial;

IX – o Ministro-Presidente e os Ministros Militares do Superior Tribunal Militar, quando reconhecidos ou identificados;

X – os militares da ativa das Forças Armadas, mesmo em traje civil; neste último caso, quando for obrigatório o seu reconhecimento em função do cargo que exerce ou, para os demais militares, quando reconhecidos ou identificados;

XI – os militares da reserva ou reformados, quando reconhecidos ou identificados;

XII – a tropa quando formada;

XIII – as Bandeiras e os Hinos das Nações Estrangeiras, nos casos dos incisos I e II deste artigo;

XIV – as autoridades civis estrangeiras, correspondentes às constantes dos incisos III a VIII deste artigo, quando em visita de caráter oficial;

XV – os militares das Forças Armadas estrangeiras, quando uniformizados e, se em trajes civis, quando reconhecidos ou identificados;

XVI – os integrantes das Polícias Militares e dos Corpos de Bombeiros Militares, Corporações consideradas forças auxiliares e reserva do Exército.

Art. 16. O aperto de mão é uma forma de cumprimento que o superior pode conceder ao mais moderno.

Parágrafo único. O militar não deve tomar a iniciativa de estender a mão para cumprimentar o superior, mas, se este o fizer, não pode se recusar ao cumprimento.

Art. 17. O militar deve responder com saudação análoga quando, ao cumprimentar o superior, este, além de retribuir a continência, fizer uma saudação verbal.

Seção I – Do Procedimento Normal

Art. 18. A continência individual é a forma de saudação que o militar isolado, quando uniformizado, com ou sem cobertura, deve aos símbolos, às autoridades e à tropa formada, conforme estabelecido no art. 15 deste Regulamento.

§ 1º. A continência individual é, ainda, a forma pela qual os militares se saúdam mutuamente, ou pela qual o superior responde à saudação de um mais moderno.

§ 2º. A continência individual é devida a qualquer hora do dia ou da noite, só podendo ser dispensada nas situações especiais conforme regulamento de cada Força Armada.

§ 3º. Quando em trajes civis, o militar assume as seguintes atitudes:

I – nas cerimônias de hasteamento ou arriação da Bandeira, nas ocasiões em que esta se apresentar em marcha ou cortejo, assim como durante a execução do Hino Nacional, o militar deve tomar atitude de respeito, de pé e em silêncio, com a cabeça descoberta;

II – nas demais situações, se estiver de cobertura, descobre-se e assume atitude respeitosa; e

III – ao encontrar um superior fora de Organização Militar, o subordinado faz a saudação com um cumprimento verbal, de acordo com as convenções sociais.

Art. 19. A atitude, o gesto e a duração são elementos essenciais da continência individual, variáveis conforme a situação dos executantes:

I – atitude: postura marcial e comportamento respeitoso e adequado às circunstâncias e ao ambiente;

II – gesto: conjunto de movimento do corpo, braços e mãos, com ou sem armas; e

III – duração: o tempo durante o qual o militar assume a atitude e executa o gesto referido no inciso II deste artigo.

Art. 20. O militar, desarmado, ou armado de revólver ou pistola, de sabre-baioneta ou espada embainhada, faz a continência individual de acordo com as seguintes regras:

I – mais moderno parado e superior deslocando-se:

a) posição de sentido, frente voltada para a direção perpendicular à do deslocamento do superior;

b) com cobertura: em movimento enérgico, leva a mão direita ao lado da cobertura, tocando com a falangeta do indicador a borda da pala, um pouco adiante do botão da jugular, ou lugar correspondente, se a cobertura não tiver pala ou jugular; a mão no prolongamento do antebraço, com a palma voltada para o rosto e com os dedos unidos e distendidos; o braço sensivelmente horizontal, formando um ângulo de 45° com a linha dos ombros; olhar franco e naturalmente voltado para o superior e, para desfazer a continência, baixa a mão em movimento enérgico, voltando à posição de sentido;

c) sem cobertura: em movimento enérgico, leva a mão direita ao lado direito da fronte, procedendo similarmente ao descrito na alínea "b" deste inciso, no que couber; e

d) a continência: é feita quando o superior atinge a distância de três passos do mais moderno e desfeita quando o superior ultrapassa o mais moderno de um passo;

II – mais moderno deslocando-se e superior parado, ou deslocando-se em sentido contrário:

a) se está se deslocando em passo normal, o mais moderno mantém o passo e a direção do deslocamento; se em acelerado ou correndo, toma o passo normal, não cessa o movimento normal do braço esquerdo; a continência é feita a três passos do superior, como descrito nas alíneas "b" e "c" do inciso I deste artigo, encarando-o com movimento vivo de cabeça; ao passar por este, o mais moderno volta a olhar em frente e desfaz a continência;

III – mais moderno e superior deslocando-se em direções convergentes:

a) o mais moderno dá precedência de passagem ao superior e faz a continência como descrito nas alíneas "b" e "c" do inciso I deste artigo, sem tomar a posição de sentido;

IV – mais moderno, deslocando-se, alcança e ultrapassa o superior que se desloca no mesmo sentido:

a) o mais moderno, ao chegar ao lado do superior, faz-lhe a continência como descrito nas alíneas "b" e "c" do inciso I deste artigo, e o encara com vivo movimento de cabeça; após três passos, volta a olhar em frente e desfaz a continência;

V – mais moderno deslocando-se, é alcançado e ultrapassado por superior que se desloca no mesmo sentido:

a) o mais moderno, ao ser alcançado pelo superior, faz-lhe a continência, como nas alíneas "b" e "c" do inciso I deste artigo, desfazendo-a depois que o superior tiver se afastado um passo;

VI – em igualdade de posto ou graduação, a continência é feita no momento em que os militares passam um pelo outro ou se defrontam.

Art. 21. O militar armado de espada desembainhada faz a continência individual tomando a posição de sentido e, em seguida, perfilando a espada.

Parágrafo único. Na continência aos símbolos e às autoridades mencionadas nos incisos I a VIII e XII do art. 15 deste Regulamento e a oficiais-generais, abate a espada.

Art. 22. O militar, quando tiver as duas mãos ocupadas, faz a continência individual tomando a posição de sentido, frente voltada para a direção perpendicular à do deslocamento do superior.

§ 1º. Quando apenas uma das mãos estiver ocupada, a mão direita deve estar livre para executar a continência.

§ 2º. O militar em deslocamento, quando não puder prestar continência por estar com as mãos ocupadas, faz vivo movimento de cabeça.

Art. 23. O militar, isolado, armado de metralhadora de mão, fuzil ou arma semelhante faz continência da seguinte forma:

I – quando estiver se deslocando:

a) leva a arma à posição de "Ombro Arma", à passagem do superior hierárquico;

b) à passagem de tropa formada, faz alto, volta-se para a tropa e leva a arma à posição de "Ombro Arma"; e

c) com a arma a tiracolo ou em bandoleira, toma a posição de sentido, com sua frente voltada para a direção perpendicular à do deslocamento do superior.

II – quando estiver parado:

a) na continência aos símbolos e às autoridades mencionadas nos incisos I a VIII do art. 15 deste Regulamento e a oficiais-generais, faz "Apresentar Arma";

b) para os demais militares, faz "Ombro Arma";

c) à passagem da tropa formada, leva a arma à posição de "Ombro Arma"; e

d) com a arma a tiracolo ou em bandoleira, toma apenas a posição de sentido.

Art. 24. Todo militar faz alto para a continência à Bandeira Nacional, ao Hino Nacional e ao Presidente da República.

§ 1º. Quando o Hino Nacional for tocado em cerimônia religiosa, o militar participante da cerimônia não faz a continência individual, permanecendo em atitude de respeito.

§ 2º. Quando o Hino Nacional for cantado, a tropa ou militar presente não faz a continência, nem durante a sua introdução, permanecendo na posição de "Sentido" até o final de sua execução.

Art. 25. Ao fazer a continência ao Hino Nacional, o militar volta-se para a direção de onde vem a música, conservando-se nessa atitude enquanto durar sua execução.

§ 1º. Quando o Hino Nacional for tocado em cerimônia à Bandeira ou ao Presidente da República, o militar volta-se para a Bandeira ou para o Presidente da República.

§ 2º. Quando o Hino Nacional for tocado em cerimônia militar ou cívica, realizada em ambiente fechado, o militar volta-se para o principal local da cerimônia e faz a continência como estipulado no inciso I do art. 20 ou nos arts. 21, 22 ou 23 desta deste Regulamento, conforme o caso.

Art. 26. Ao fazer a continência para a Bandeira Nacional integrante de tropa formada e parada, todo militar que se desloca, faz alto, vira-se para ela e faz a continência individual, retomando, em seguida, o seu deslocamento; a autoridade passando em revista à tropa observa o mesmo procedimento.

Art. 27. Na sede do Ministério da Defesa e nas Organizações Militares, a praça faz alto para a continência às autoridades enumeradas nos incisos III a IX, inclusive, do art. 15 deste Regulamento e a oficial-general.

Art. 28. O Comandante, Chefe ou Diretor de Organização Militar tem, diariamente, direito à continência prevista no art. 27 deste Regulamento, na primeira vez que for encontrado pelas suas praças subordinadas, no interior de sua organização.

Art. 29. Os militares em serviço policial ou de segurança poderão ser dispensados dos procedimentos sobre continência individual constantes deste Regulamento.

Seção II – Do Procedimento em outras Situações

Art. 30. O militar em um veículo, exceto bicicleta, motocicleta ou similar, procede da seguinte forma:

I – com o veículo parado, tanto o condutor como o passageiro fazem a continência individual sem se levantarem; e

II – com o veículo em movimento, somente o passageiro faz a continência individual.

§ 1º. Por ocasião da cerimônia da Bandeira ou da execução do Hino Nacional, se no interior de uma Organização Militar, tanto o condutor como o passageiro saltam do veículo e fazem a continência individual; se em via pública, procedem do mesmo modo, sempre que viável.

§ 2º. Nos deslocamentos de elementos transportados por viaturas, só o Comandante e o Chefe de cada viatura fazem a continência individual. Os militares transportados tomam postura correta e imóvel enquanto durar a continência do Chefe da viatura.

Art. 31. O militar isolado presta continência à tropa da seguinte forma:

I – tropa em deslocamento e militar parado:

a) militar a pé: qualquer que seja seu posto ou graduação, volta-se para a tropa, toma posição de "Sentido" e permanece nessa atitude durante a passagem da tropa, fazendo a continência individual para a Bandeira Nacional e, se for mais antigo do que o Comandante da tropa, corresponde à continência que lhe é prestada; caso contrário, faz a continência individual ao Comandante da tropa e a todos os militares em comando de frações constituídas que lhe sejam hierarquicamente iguais ou superiores; e

b) militar em viatura estacionada: desembarca e procede de acordo com o estipulado na alínea "a" do inciso I do art. 31 deste Regulamento;

II – tropa em deslocamento e militar em movimento, a pé ou em veículo:

a) o militar, sendo superior hierárquico ao Comandante da tropa, para, volta-se para esta e responde à continência que lhe é prestada; caso contrário, para, volta-se para aquela e faz a continência individual ao Comandante da tropa e a todos os militares em comando de frações constituídas que lhe sejam hierarquicamente iguais ou superiores; para o cumprimento à Bandeira Nacional, o militar a pé para e faz a continência individual; se no interior de veículo, faz a continência individual sem desembarcar;

III – tropa em forma e parada, e militar em movimento:

a) procede como descrito no inciso II deste artigo, parando apenas para a cumprimento à Bandeira Nacional.

Art. 32. Ao entrar em uma Organização Militar, o oficial, em princípio, deve ser conduzido ao seu Comandante, Chefe ou Diretor, ou, conforme as peculiaridades e os procedimentos específicos de cada Força Armada, à autoridade militar da Organização para isso designada, a fim de participar os motivos de sua ida àquele estabelecimento e, terminada a missão ou o fim que ali o levou, deve, antes de se retirar, despedir-se daquela autoridade.

§ 1º. Nos estabelecimentos ou repartições militares onde essa apresentação não seja possível, deve o militar apresentar-se ou dirigir-se ao de maior posto ou graduação presente, ao qual participará o motivo de sua presença.

§ 2º. Quando o visitante for do mesmo posto ou de posto superior ao do Comandante, Diretor ou Chefe, é conduzido ao Gabinete ou Câmara deste, que o recebe e o ouve sobre o motivo de sua presença.

§ 3º. A praça, em situação idêntica, apresenta-se ao Oficial-de-Dia ou de Serviço, ou a quem lhe corresponder, tanto na chegada quanto na saída.

§ 4º. O disposto neste artigo e seus parágrafos não se aplica às organizações médico-militares, exceto se o militar estiver em visita de serviço.

Art. 33. Procedimento do militar em outras situações:

I – o mais moderno, quando a cavalo, se o superior estiver a pé, deve passar por este ao passo; se ambos estiverem a cavalo, não pode cruzar com aquele em andadura superior; marchando no mesmo sentido, ultrapassa o superior depois de lhe pedir autorização; em todos os casos, a continência é feita como descrito no inciso II do art. 20 deste Regulamento;

II – o militar a cavalo apeia para falar com o superior a pé, salvo se este estiver em nível mais elevado (palanque, arquibancada, picadeiro, ou similar) ou ordem em contrário;

III – se o militar está em bicicleta ou motocicleta, deve passar pelo superior em marcha moderada, concentrando a atenção na condução do veículo;

IV – o portador de uma mensagem, qualquer que seja o meio de transporte empregado, não modifica a sua velocidade de marcha ao cruzar ou passar por um superior e informa em voz alta: "serviço urgente";

V – a pé, conduzindo ou segurando cavalo, o militar faz a continência como descrito no art. 22 deste Regulamento;

VI – quando um militar entra em um recinto público, percorre com o olhar o local para verificar se há algum superior presente; se houver, o militar faz-lhe a continência, do lugar em que está;

VII – quando um militar entra em um recinto público, os militares mais modernos que aí estão levantam-se ao avistá-lo e fazem-lhe a continência;

VIII – quando militares se encontrarem em reuniões sociais, festas militares, competições desportivas ou em viagens, devem apresentar-se mutuamente, declinando posto e nome, partindo essa apresentação daquele de menor hierarquia;

IX – seja qual for o caráter – oficial ou particular da solenidade ou reunião, deve o militar, obrigatoriamente, apresentar-se ao superior de maior hierarquia presente, e ao de maior posto entre os oficiais presentes de sua Organização Militar; e

X – quando dois ou mais militares, em grupo, encontram-se com outros militares, todos fazem a continência individual como se estivessem isolados.

Art. 34. Todo militar é obrigado a reconhecer o Presidente e o Vice-Presidente da República, o Ministro de Estado da Defesa, o Comandante da sua Força, os Comandantes, os Chefes ou os Diretores da cadeia de comando e os oficiais de sua Organização Militar.

§ 1º. Os oficiais são obrigados a reconhecer também os Comandantes das demais Forças, assim como o Chefe do Estado-Maior de sua respectiva Força.

§ 2º. Todo militar deve saber identificar as insígnias dos postos e graduações das Forças Armadas.

Art. 35. O militar fardado descobre-se ao entrar em um recinto coberto.

§ 1º. O militar fardado descobre-se, ainda, nas reuniões sociais, nos funerais, nos cultos religiosos e ao entrar em templos ou participar de atos em que este procedimento seja pertinente, sendo-lhe dispensada, nestes casos, a obrigatoriedade da prestação da continência.

§ 2º. O estabelecido no *caput* deste artigo não se aplica aos militares armados de metralhadora de mão, fuzil ou arma semelhante ou aos militares em serviço de policiamento, escolta ou guarda.

Art. 36. Para saudar os civis de suas relações, o militar fardado não se descobre, cumprimentando-os pela continência, pelo aperto de mão ou com aceno de cabeça.

Parágrafo único. Estando fardado, o militar do sexo masculino que se dirigir a uma senhora para cumprimentá-la, descobre-se, colocando a cobertura sob o braço esquerdo; se estiver desarmado e de luvas, descalça a luva da mão direita e aguarda que a senhora lhe estenda a mão.

Art. 37. O militar armado de espada, durante solenidade militar, não descalça as luvas, salvo ordem em contrário.

Art. 38. Nos refeitórios das Organizações Militares, a maior autoridade presente ocupa o lugar de honra.

Art. 39. Nos banquetes, o lugar de honra situa-se, geralmente, no centro, do lado maior da mesa principal.

§ 1º. A ocupação dos lugares nos banquetes é feita de acordo com a Ordem Geral de Precedência.

§ 2º. A autoridade que oferece banquete deve sentar-se na posição de maior precedência depois do lugar ocupado pelo homenageado; os outros lugares são ocupados pelos demais participantes, segundo esquema que lhes é previamente dado a conhecer.

§ 3º. Em banquetes onde haja mesa plena, o homenageante deve sentar-se em frente ao homenageado.

Art. 40. Em embarcação, viatura ou aeronave militar, o mais antigo é o último a embarcar e o primeiro a desembarcar.

§ 1º. Em se tratando de transporte de pessoal, a licença para início do deslocamento é prerrogativa do mais antigo presente.

§ 2º. Tais disposições não se aplicam a situações operacionais, quando devem ser obedecidos os Planos e Ordens a elas ligados.

Capítulo IV – Da Apresentação

Art. 41. O militar, para se apresentar a um superior, aproxima-se deste até a distância do aperto de mão; toma a posição de "Sentido", faz a continência individual como descrita neste Regulamento e diz, em voz claramente audível, seu grau hierárquico, nome de guerra e Organização Militar a que pertence, ou função que exerce, se estiver no interior da sua Organização Militar; desfaz a continência e diz o motivo da apresentação, permanecendo na posição de "Sentido" até que lhe seja autorizado tomar a posição de "Descansar" ou de "À Vontade".

§ 1º. Se o superior estiver em seu Gabinete de trabalho ou outro local coberto, o militar sem arma ou armado de revólver, pistola ou espada embainhada tira a cobertura com a mão direita; em se tratando de boné ou capacete, coloca-o debaixo do braço esquerdo com o interior voltado para o corpo e a jugular para a frente; se de boina ou gorro com pala, empunha-o com a mão esquerda, de tal modo que sua copa fique para fora e a sua parte anterior voltada para a frente e, em seguida, faz a continência individual e procede à apresentação.

§ 2º. Caso esteja armado de espada desembainhada, fuzil ou metralhadora de mão, o militar faz alto à distância de dois passos do superior e executa o "Perfilar Espada" ou "Ombro Arma", conforme o caso, permanecendo nessa posição mesmo depois de correspondida a saudação; se o superior for oficial-general ou autoridade superior, o militar executa o manejo de "Apresentar Arma", passando, em seguida, à posição de "Perfilar Espada" ou "Ombro Arma", conforme o caso, logo depois de correspondida a saudação.

§ 3º. Em locais cobertos, o militar armado nas condições previstas no § 2º deste artigo, para se apresentar ao superior, apenas toma a posição de "Sentido".

Art. 42. Para se retirar da presença de um superior, o militar faz-lhe a continência individual, idêntica à da apresentação, e pede permissão para se retirar; concedida a permissão, o oficial retira-se normalmente, e a praça, depois de fazer "Meia Volta", rompe a marcha com o pé esquerdo.

Capitulo V – Da Continência da Tropa

Seção I – Generalidades

Art. 43. Têm direito à continência da tropa os símbolos e as autoridades relacionadas nos incisos I a X e XII a XVI do art. 15 deste Regulamento.

§ 1º. Os oficiais da reserva ou reformados e os militares estrangeiros só têm direito à continência da tropa quando uniformizados.

§ 2º. Às autoridades estrangeiras, civis e militares, são prestadas as continências conferidas às autoridades brasileiras equivalentes.

Art. 44. Para efeito de continência, considera-se tropa a reunião de dois ou mais militares devidamente comandados.

Art. 45. Aos Ministros de Estado, aos Governadores de Estado e do Distrito Federal, ao Ministro-Presidente e aos Ministros militares do Superior Tribunal Militar, são prestadas as continências previstas para Almirante-de-Esquadra, General-de-Exército ou Tenente-Brigadeiro.

Parágrafo único. O Ministro de Estado da Defesa e os Comandantes da Marinha, do Exército e da Aeronáutica ocupam lugar de destaque nas solenidades cívico-militares, observada, no que couber, a Ordem Geral de Precedência.

Art. 46. Aos Governadores de Territórios Federais são prestadas as continências previstas para Contra-Almirante, General-de-Brigada ou Brigadeiro.

Art. 47. O Oficial que exerce função do posto superior ao seu tem direito à continência desse posto apenas na Organização Militar onde a exerce e nas que lhe são subordinadas.

Art. 48. Nos exercícios de marcha, inclusive nos altos, a tropa não presta continência; nos exercícios de estacionamento, procede de acordo com o estipulado nas Seções II e III deste Capítulo.

Art. 49. A partir do escalão subunidade, inclusive, toda tropa armada que não conduzir Bandeira, ao regressar ao Quartel, de volta de exercício externo de duração igual ou superior a 8 (oito) horas e após as marchas, presta continência ao terreno antes de sair de forma.

§ 1º. A voz de comando para essa continência é "Em continência ao terreno – Apresentar Arma!".

§ 2º. Os militares que não integrem a formatura fazem a continência individual.

§ 3º. Por ocasião da Parada Diária, a tropa e os militares presentes que não integrem a formatura prestam a "Continência ao Terreno", na forma estipulada pelos §§ 1º e 2º deste artigo.

§ 4º. Estas disposições poderão ser ajustadas às peculiaridades de cada Força Armada.

Art. 50. A continência de uma tropa para outra está relacionada à situação de conduzirem ou não a Bandeira Nacional ou ao grau hierárquico dos respectivos Comandantes.

Parágrafo único. Na continência, toma-se como ponto de referência, para início da saudação, a Bandeira Nacional ou a testa da formatura, caso a tropa não conduza Bandeira.

Art. 51. No período compreendido entre o arriar da Bandeira e o toque de alvorada no dia seguinte, a tropa apenas presta continência à Bandeira Nacional, ao Hino Nacional, ao Presidente da República, às bandeiras e hinos de outras nações e a outra tropa.

Parágrafo único. Excetuam-se as guardas de honra, que prestam continência à autoridade a que a homenagem se destina.

Seção II – Da Continência da Tropa a Pé Firme

Art. 52. À passagem de outra tropa, a tropa em forma e parada volta-se para ela e toma a posição de sentido.

Parágrafo único. Se a tropa que passa conduz a Bandeira Nacional, ou se seu Comandante for de posto ou graduação superior ao do Comandante da tropa em forma e parada, esta lhe presta a continência indicada no art. 53 deste Regulamento; quando os Comandantes forem do mesmo posto ou graduação e se a tropa que passa não conduz Bandeira Nacional, apenas os Comandantes fazem a continência.

Art. 53. Uma tropa a pé firme presta continência aos símbolos, às autoridades e a outra tropa formada, nas condições mencionadas no art. 15 deste Regulamento, executando os seguintes comandos:

I – na continência a oficial subalterno e intermediário:

a) "Sentido!";

II – na continência a oficial-superior:

a) "Sentido! Ombro Arma!";

III – na continência aos símbolos e às autoridades mencionadas nos incisos I a VIII do art. 15 deste Regulamento, a Oficiais-Generais ou autoridades equivalentes: "Sentido! Ombro Arma! Apresentar Arma! Olhar à Direita (Esquerda)!".

§ 1º. Para oficial-general estrangeiro, só é prestada a continência em caso de visita oficial.

§ 2º. No caso de tropa desarmada, ao comando de "Apresentar Arma!" todos os seus integrantes fazem continência individual e a desfazem ao Comando de "Descansar Arma!".

§ 3º. Os Comandos são dados a toque de corneta ou clarim nos escalões unidade e superiores, e à viva voz, no escalão subunidades; os comandantes de pelotão (seção) ou de elementos inferiores só comandam a continência quando sua tropa não estiver enquadrada em subunidades; nas formações emassadas, não são dados comandos nos escalões inferiores a unidade.

§ 4º. Em formação não emassada, os comandos a toque de corneta ou clarim são dados sem a nota de execução, sendo desde logo executados pelo Comandante e pelo porta-símbolo da Unidade; a banda é comandada à viva voz pelo respectivo mestre; o estado-maior, pelo oficial mais antigo; a Guarda-Bandeira, pelo oficial Porta-Bandeira.

§ 5º. Os comandos são dados de forma a serem executados quando a autoridade ou a Bandeira atingir a distância de dez passos da tropa que presta a continência.

§ 6º. A continência é desfeita aos comandos de "Olhar em Frente!", "Ombro Arma!" e "Descansar!", conforme o caso, dados pelos mesmos militares que comandaram sua execução e logo que a autoridade ou a Bandeira tenha ultrapassado de cinco passos a tropa que presta a continência.

§ 7º. As Bandas de Música ou de Corneteiros ou Clarins e Tambores permanecem em silêncio, a menos que se trate de honras militares.prestadas pela tropa, ou de cerimônia militar de que a tropa participe.

Art. 54. A tropa mecanizada, motorizada ou blindada presta continência da seguinte forma:

I – estando o pessoal embarcado, o comandante e os oficiais que exercem comando até o escalão pelotão, inclusive, levantam-se e fazem a continência; se não for possível tomarem a posição em pé no veículo, fazem a continência na posição em que se encontram; os demais oficiais fazem, sentados, a continência individual, e as praças conservam-se sentadas, olhando à frente, sem prestar continência; e

II – estando o pessoal desembarcado, procede da mesma maneira como na tropa a pé firme, formando à frente das viaturas.

Parágrafo único. Quando o pessoal estiver embarcado e os motores das viaturas desligados, o comandante desembarca para prestar a continência; os demais militares procedem como no inciso I deste artigo.

Art. 55. À autoridade estrangeira, civil ou militar, que passar revista à tropa postada em sua honra, são prestados esclarecimentos relativos ao modo de proceder.

Seção III – Da Continência da Tropa em Deslocamento

Art. 56. A tropa em deslocamento faz continência à Bandeira Nacional, às Bandeiras das Nações Estrangeiras, às autoridades relacionadas nos incisos III a IX e XIII a XV do art. 15 deste Regulamento, e a outra tropa formada, executando os seguintes comandos:

I – "Sentido! – Em Continência à Direita (Esquerda)!", repetido por todas as unidades, nos escalões batalhão e superiores;

II – os comandantes de subunidades, ao atingirem a distância de vinte passos da autoridade ou da Bandeira, dão a voz de: "Companhia Sentido! Em Continência à Direita (Esquerda)!"; e

III – os Comandantes de pelotão (seção), à distância de dez passos da autoridade ou da Bandeira, dão a voz de: "Pelotão (Seção) Sentido! Olhar à Direita (Esquerda)!"; logo que a testa do pelotão (seção) tenha ultrapassado de dez passos a autoridade ou a Bandeira, seu Comandante, independente de ordem superior, comanda "Pelotão (seção) Olhar em Frente!".

§ 1º. Nas formações emassadas de batalhão e de companhia, só é dado o comando de execução da continência – "Batalhão (Companhia) Sentido! – Olhar à Direita (Esquerda)!", por toque de corneta ou à viva voz dos respectivos comandantes.

§ 2º. Durante a execução da continência, são observadas as seguintes determinações:

I – a Bandeira não é desfraldada, exceto para outra Bandeira; a Guarda-Bandeira não olha para a direita (esquerda);

II – o estandarte não é abatido, exceto para a Bandeira Nacional, o Hino Nacional ou o Presidente da República;

III – os oficiais de espada desembainhada, no comando de pelotão (seção), perfilam espada e não olham para a direita (esquerda);

IV – os oficiais sem espada ou com ela embainhada fazem a continência individual sem olhar para a direita (esquerda), exceto o Comandante da fração;

V – o Porta-Bandeira, quando em viatura, levanta-se, e a Guarda permanece sentada;

VI – os oficiais em viaturas, inclusive comandantes de unidades e subunidades, fazem a continência sentados sem olhar para a direita (esquerda); e

VII – os músicos, corneteiros e tamboreiros, condutores, porta- símbolos e porta-flâmulas, os homens da coluna da direita (esquerda) e os da fileira da frente, não olham para a direita (esquerda), e, se sentados não se levantam.

Art. 57. Na continência a outra tropa, procede-se da seguinte forma:

I – se as duas tropas não conduzem a Bandeira Nacional, a continência é iniciada pela tropa cujo Comandante for de menor hierarquia; caso sejam de igual hierarquia, a continência deverá ser feita por ambas as tropas;

II – se apenas uma tropa conduz a Bandeira Nacional, a continência é prestada à Bandeira, independente da hierarquia dos Comandantes das tropas; e

III – se as duas tropas conduzem a Bandeira Nacional, a continência é prestada por ambas, independente da hierarquia de seus comandantes.

Art. 58. A tropa em deslocamento faz alto para a continência ao Hino Nacional e aos Hinos das Nações Estrangeiras, quando executados em solenidade militar ou cívica.

Art. 59. A tropa em deslocamento no passo acelerado ou sem cadência faz continência às autoridades relacionadas nos incisos III a IX e XIII a XV do art. 15 deste Regulamento, e a outra tropa formada, ao comando de "Batalhão (Companhia, Pelotão, Seção) Atenção!", dado pelos respectivos comandantes.

Parágrafo único. Para a continência à Bandeira Nacional e às Bandeiras das Nações Estrangeiras, a tropa em deslocamento no passo acelerado ou sem cadência retoma o passo ordinário e procede como descrito no art. 55 deste Regulamento.

Seção IV – Da Continência da Tropa em Desfile

Art. 60. Desfile é a passagem da tropa diante da Bandeira Nacional ou da maior autoridade presente a uma cerimônia a fim de lhe prestar homenagem.

Art. 61. A tropa em desfile faz continência à Bandeira ou à maior autoridade presente à cerimônia, obedecendo às seguintes determinações:

I – a trinta passos, aquém do homenageado, é dado o toque de "Sentido! – Em Continência à Direita (Esquerda)!", sendo repetido até o escalão batalhão, inclusive (esse toque serve apenas para alertar a tropa);

II – a vinte passos, aquém do homenageado:

a) os comandantes de unidade e subunidade, em viaturas, levantam-se;

b) os comandantes de subunidades comandam à viva voz: – "Companhia – Sentido! – Em Continência à Direita (Esquerda)!"; e c) os oficiais com espada desembainhada perfilam espada, sem olhar para a direita (esquerda);

III – a dez passos, aquém do homenageado:

a) os Comandantes de pelotão (seção) comandam: "Pelotão (seção) – Sentido! – Olhar à Direita (Esquerda)!";

b) a Bandeira é desfraldada e o estandarte é abatido;

c) os comandantes de unidade e subunidade, em viatura, fazem a continência individual e olham para a Bandeira ou encaram a autoridade;

d) os comandantes de unidade e subunidade abatem espada e olham para a Bandeira ou encaram a autoridade; quando estiverem sem espada ou com ela embainhada, fazem a continência individual e olham a Bandeira ou encaram a autoridade; os demais oficiais com espada desembainhada perfilam espada;

e) os oficiais sem espada ou com ela embainhada ou portando outra arma fazem a continência individual e não encaram a autoridade; e

f) os componentes da Guarda-Bandeira, músicos, corneteiros e tamboreiros, condutores e porta-símbolos não fazem continência nem olham para o lado;

IV – a dez passos, depois do homenageado:

a) os mesmos militares que comandaram "Olhar à Direita (Esquerda)!" comandam: "Pelotão (seção) – olhar em Frente!";

b) a Bandeira e o estandarte voltam à posição de "Ombro Arma";

c) os comandantes de unidade e subunidade, em viaturas, desfazem a continência individual;

d) os comandantes de unidade e subunidade perfilam espada; e

e) os oficiais sem espada, com ela embainhada ou portando outra arma, desfazem a continência;

V – a quinze passos depois do homenageado, independente de qualquer comando:

a) os comandantes de unidade e subunidade, em viaturas, sentam-se; e

b) os oficiais a pé, com espada desembainhada, trazem a espada à posição de marcha.

§ 1º. Os comandos mencionados nos incisos II, III e IV deste artigo são dados à viva voz ou por apito.

§ 2º. Quando a tropa desfilar em linha de companhia, ou formação emassada de batalhão, o primeiro comando de "Sentido! Em Continência à Direita (Esquerda)!" é dado vinte passos aquém do homenageado pelo comandante superior, e o comando de "Olhar à Direita (Esquerda)!" pelo comandante de batalhão, a dez passos aquém do homenageado.

§ 3º. Quando a tropa desfilar em linha de pelotões ou formação emassada de companhia, o comando de "Olhar à Direita (Esquerda)!" é dado pelo comandante de subunidade dez passos aquém do homenageado.

§ 4º. Nas formações emassadas de batalhão ou companhia, o comando de "Olhar em Frente!" é dado pelos mesmos comandantes que comandaram "Olhar à Direita (Esquerda)!", quando a cauda de sua tropa ultrapassar de dez passos o homenageado.

Art. 62. A tropa a pé desfila em "Ombro Arma", com a arma cruzada ou em bandoleira; nos dois primeiros casos, de baioneta armada.

Art. 63. A autoridade em homenagem à qual é realizado o desfile responde às continências prestadas pelos oficiais da tropa que desfila; os demais oficiais que assistem ao desfile fazem continência apenas à passagem da Bandeira.

Seção V – Do Procedimento da Tropa em Situações Diversas

Art. 64. Nenhuma tropa deve iniciar marcha, embarcar, desembarcar, montar, apear, tomar a posição à vontade ou sair de forma sem licença do mais antigo presente.

Art. 65. Se uma tropa em marcha cruzar com outra, a que for comandada pelo mais antigo passa em primeiro lugar.

Art. 66. Se uma tropa em marcha alcançar outra que se desloca no mesmo sentido, pode passar-lhe à frente, em princípio pela esquerda, mediante licença ou aviso do mais antigo que a comanda.

Art. 67. Quando uma tropa não estiver em formatura e se encontrar em instrução, serviço de faxina ou faina, as continências de tropa são dispensáveis, cabendo, entretanto, ao seu comandante, instrutor ou encarregado, prestar a continência a todo o superior que se dirija ao local onde se encontra essa tropa, dando-lhe as informações que se fizerem necessárias.

Parágrafo único. No caso do superior dirigir-se pessoalmente a um dos integrantes dessa tropa, este lhe presta a continência regulamentar.

Art. 68. Quando uma tropa estiver reunida para instrução, conferência, preleção ou atividade semelhante, e chegar o seu comandante ou outra autoridade de posto superior ao mais antigo presente, este comanda "Companhia (Escola, Turma, etc.) – Sentido! – Comandante da Companhia (ou função de quem chega)!" e, a esse Comando, levantam-se todos energicamente e tomam a posição ordenada; correspondido o sinal de respeito pelo superior, volta a tropa à posição anterior, ao comando de "Companhia (Escola, Turma, etc.) – À vontade!"; o procedimento é idêntico quando se retirar o comandante ou a autoridade em causa.

§ 1º. Nas reuniões de oficiais, o procedimento é o mesmo, usando-se os comandos: "Atenção! Comandante de Batalhão (ou Exmo. Sr. Almirante, General, Brigadeiro Comandante de ...)!" e "À vontade!", dados pelos instrutor ou oficial mais antigo presente.

§ 2º. Nas Organizações Militares de ensino, os alunos de quaisquer postos ou graduações aguardam nas salas de aula, anfiteatros ou laboratórios a chegada dos respectivos professores ou instrutores e as instruções internas estabelecem, em minúcias, o procedimento a ser seguido.

Art. 69. Quando um oficial entra em um alojamento ou vestiário ocupado por tropa, o militar de serviço ou o que primeiro avistar aquela autoridade comanda "Alojamento (Vestiário) – Atenção! Comandante da Companhia (ou função de quem chega)!" e as praças, sem interromperem suas atividades, no mesmo local em que se encontram, suspendem toda a conversação e assim se conservam até ser comandado "À vontade!".

Seção VI – Da Continência da Guarda

Art. 70. A guarda formada presta continência:

I – aos símbolos, às autoridades e à tropa formada, referidos nos incisos I a X, XII e XIII do art. 15 deste Regulamento;

II – aos Almirantes-de-Esquadra, Generais-de-Exército e Tenentes-Brigadeiros, nas sedes dos Comandos da Marinha, do Exército e da Aeronáutica, respectivamente;

III – aos oficiais-generais, nas sedes de Comando, Chefia ou Direção privativos dos postos de oficial-general;

IV – aos oficiais-generais, aos oficiais superiores e ao comandante, chefe ou diretor, qualquer que seja o seu posto, nas Organizações Militares;

V – aos oficiais-generais e aos oficiais superiores das Forças Armadas das Nações Estrangeiras, quando uniformizados, nas condições estabelecidas nos incisos I a IV deste artigo; e

VI – à guarda que venha rendê-la.

§ 1º. As normas para a prestação de continência, pela guarda formada, a oficiais de qualquer posto, serão reguladas pelo Cerimonial de cada Força.

§ 2º. A continência é prestada por ocasião da entrada e saída da autoridade.

Art. 71. Para a continência à Bandeira Nacional e ao Presidente da República, a guarda forma na parte externa do edifício, à esquerda da sentinela do portão das armas (sentinela da entrada principal), caso o local permita, o corneteiro da guarda ou de serviço dá o sinal correspondente ("Bandeira" ou "Presidente da República"), e o Comandante da guarda procede como estabelecido no inciso III do art. 53 deste Regulamento.

Art. 72. A guarda forma para prestar continência a tropa de efetivo igual ou superior a subunidade, sem Bandeira, que saia ou regresse ao quartel.

Art. 73. Quando em uma Organização Militar entra ou sai seu comandante, chefe ou diretor, acompanhado de oficiais, a continência da guarda formada é prestada apenas ao oficial de maior posto, ou ao comandante, se de posto igual ou superior ao dos que o acompanham.

Parágrafo único. A autoridade a quem é prestada a continência destaca-se das demais para corresponder à continência da guarda; os acompanhantes fazem a continência individual, voltados para aquela autoridade.

Art. 74. Quando a continência da guarda é acompanhada do Hino Nacional ou da marcha batida, os militares presentes voltam à frente para a autoridade, ou à Bandeira, a que se presta a continência, fazendo a continência individual no início do Hino Nacional ou marcha batida e desfazendo-a ao término.

Art. 75. Uma vez presente, em uma Organização Militar, autoridade cuja insígnia esteja hasteada no mastro principal, apenas o comandante, diretor ou chefe da organização e os que forem hierarquicamente superiores à referida autoridade têm direito à continência da guarda formada.

Seção VII – Da Continência da Sentinela

Art. 76. A sentinela de posto fixo, armada, presta continência:

I – apresentando arma, aos símbolos e autoridades referidos no art. 15 deste Regulamento;

II – tomando a posição de sentido, aos graduados e praças especiais das Forças Armadas nacionais e estrangeiras; e

III – tomando a posição de sentido e, em seguida, fazendo "Ombro Arma", à tropa não comandada por oficial.

§ 1º. O militar que recebe uma continência de uma sentinela faz a continência individual para respondê-la.

§ 2º. A sentinela móvel presta continência aos símbolos, autoridades e militares constantes do art. 15 deste Regulamento, tomando apenas a posição de "Sentido".

Art. 77. Os marinheiros e soldados, quando passarem por uma sentinela, fazem a continência individual, à qual a sentinela responde tomando a posição de "Sentido".

Art. 78. No período compreendido entre o arriar da Bandeira Nacional e o toque de alvorada do dia seguinte, a sentinela só apresenta armas à Bandeira Nacional, ao Hino Nacional, ao Presidente da República, às bandeiras e hinos de outras nações e a tropa formada, quando comandada por oficial.

Parágrafo único. No mesmo período, a sentinela toma a posição de "Sentido" à passagem de um superior pelo seu posto ou para corresponder à saudação militar de marinheiros e soldados.

Art. 79. Para prestar continência a uma tropa comandada por oficial, a sentinela toma a posição de "Sentido", executando o "Apresentar Arma" quando a testa da tropa estiver a dez passos, assim permanecendo até a passagem do Comandante e da Bandeira; a seguir faz "Ombro Arma" até o escoamento completo da tropa, quando volta às posições de "Descansar Arma" e "Descansar".

Seção VIII – Dos Toques de Corneta, Clarim e Apito

Art. 80. O toque de corneta, clarim ou apito é o meio usado para anunciar a chegada, a saída ou a presença de uma autoridade, não só em uma Organização Militar, como também por ocasião de sua aproximação de uma tropa.

Parágrafo único. O toque mencionado neste artigo será executado nos períodos estabelecidos pelos cerimoniais de cada Força Armada.

Art. 81. Os toques para anunciar a presença dos símbolos e das autoridades abaixo estão previstos no "Manual de Toques, Marchas e Hinos das Forças Armadas" – FA-M-13:

I – a Bandeira Nacional;

II – o Presidente da República;

III – o Vice-Presidente da República;

IV – o Supremo Tribunal Federal e o Congresso Nacional, quando incorporados;

V – o Ministro de Estado da Defesa;

VI – os demais Ministros de Estado;

VII – os Comandantes da Marinha, do Exército e da Aeronáutica;

VIII – os Governadores de Estados e Territórios Federais e do Distrito Federal, quando em visita oficial;

IX – o Superior Tribunal Militar, quando incorporado;

X – os oficiais-generais;

XI – os oficiais superiores; e

XII – os comandantes, chefes ou diretores de Organizações Militares.

Parágrafo único. Só é dado toque para anunciar a chegada ou saída de autoridade superior à mais alta presente, quando esta entrar ou sair de quartel ou estabelecimento cujo comandante for de posto inferior ao seu.

Art. 82. Quando, em um mesmo quartel, estabelecimento ou fortificação, tiverem sede duas ou mais Organizações Militares e seus comandantes, chefes ou diretores entrarem ou saírem juntos do quartel, o toque corresponderá ao de maior precedência hierárquica.

Seção IX – Das Bandas de Músicas, de Corneteiros ou Clarins e Tambores

Art. 83. As Bandas de Música, na continência prestada pela tropa, executam:

I – o Hino Nacional, para a Bandeira Nacional, para o Presidente da República e, quando incorporados, para o Congresso Nacional e o Supremo Tribunal Federal;

II – o toque correspondente, seguido do exórdio de uma marcha grave, para o Vice-Presidente da República;

III – o exórdio de uma marcha grave, para o Ministro de Estado da Defesa e para os Comandantes da Marinha, do Exército e da Aeronáutica;

IV – o Hino de Nação Estrangeira seguido do Hino Nacional, para a Bandeira ou para autoridade dessa nação; e

V – o exórdio de uma marcha grave, para os oficiais-generais.

§ 1º. As bandas de corneteiros ou clarins e tambores, quando reunidas às bandas de música, acompanham-nas nesse cerimonial, como previsto no "Manual de Toques, Marchas e Hinos das Forças Armadas" – FA-M-13.

§ 2º. Os corneteiros, quando isolados, executam o correspondente, como previsto no "Manual de Toques, Marchas e Hinos das Forças Armadas" – FA-M-13.

Art. 84. Quando na continência prestada pela tropa houver banda de corneteiros ou clarins e tambores, esta procede segundo o previsto no "Manual de toques, Marchas e Hinos das Forças Armadas" – FA-M-13.

Art. 85. A execução do Hino Nacional ou da marcha batida só tem início depois que a autoridade que preside a cerimônia houver ocupado o lugar que lhe for reservado para a continência.

Art. 86. As bandas de música, nas revistas passadas por autoridades, executam marchas ou dobrados, de acordo com o previsto no "Manual de Toques, Marchas e Hinos das Forças Armadas" – FA-M-13.

Capítulo VI – Dos Hinos

Art. 87. O Hino Nacional é executado por banda de música militar nas seguintes ocasiões:

I – nas continências à Bandeira Nacional e ao Presidente da República;

II – nas continências ao Congresso Nacional e ao Supremo Tribunal Federal, quando incorporados;

III – nos dias que o Governo considerar de Festa Nacional;

IV – nas cerimônias em que se tenha de executar Hino de Nação Estrangeira, devendo este, por cortesia, anteceder o Hino Nacional; e

V – nas solenidades, sempre que cabível, de acordo com o cerimonial de cada Força Armada.

§ 1º. É vedado substituir a partitura do Hino Nacional por qualquer arranjo instrumental.

§ 2º. A execução do Hino Nacional não pode ser interrompida.

§ 3º. Na continência prestada ao Presidente da República na qualidade de Comandante Supremo das Forças Armadas, por ocasião de visita a Organização Militar, quando for dispensada a Guarda de Honra, ou nas honras de chegada ou saída em viagem oficial ou de serviço, executam-se apenas a introdução e os acordes finais do Hino Nacional, de acordo com partitura específica.

Art. 88. Havendo Guarda de Honra no recinto onde se procede uma solenidade, a execução do Hino Nacional cabe à banda de música dessa guarda, mesmo que esteja presente outra de maior conjunto.

Art. 89. Quando em uma solenidade houver mais de uma banda, cabe a execução do Hino Nacional à que estiver mais próxima do local onde chega a autoridade.

Art. 90. O Hino Nacional pode ser cantado em solenidades oficiais.

§ 1º. Neste caso, cantam-se sempre as duas partes do poema, sendo que a banda de música deverá repetir a introdução do Hino após o canto da primeira parte.

§ 2º. É vedado substituir a partitura para canto do Hino Nacional por qualquer arranjo vocal, exceto o de Alberto Nepomuceno.

§ 3º. Nas solenidades em que seja previsto o canto do Hino Nacional após o hasteamento da Bandeira Nacional, esta poderá ser hasteada ao toque de Marcha Batida.

Art. 91. No dia 7 de setembro, por ocasião da alvorada e nas retretas, as bandas de música militares executam o Hino da Independência; no dia 15 de novembro, o Hino da Proclamação da República e no dia 19 de novembro, o Hino à Bandeira.

Parágrafo único. Por ocasião das solenidades de culto à Bandeira, canta-se o Hino à Bandeira.

Capítulo VII – Das Bandeiras-Insígnias, Distintivos a Estandartes

Art. 92. A presença de determinadas autoridades civis e militares em uma Organização Militar é indicada por suas bandeiras-insígnias ou seus distintivos hasteados em mastro próprio, na área da organização.

§ 1º. As bandeiras-insígnias ou distintivos de Presidente da República, de Vice-Presidente da República e de Ministro de Estado da Defesa são instituídas em atos do Presidente da República.

§ 2º. As bandeiras-insígnias ou distintivos de Comandante da Marinha, do Exército, da Aeronáutica e do Chefe do Estado-Maior de Defesa são instituídos em atos do Ministro de Estado da Defesa.

§ 3º. Nas Organizações Militares que possuem estandarte, este é conduzido nas condições estabelecidas para a Bandeira Nacional, sempre a sua esquerda, de acordo com o cerimonial específico de cada Força Armada.

Art. 93. A bandeira-insígnia ou distintivo é hasteado quando a autoridade entra na Organização Militar, e arriado logo após a sua saída.

§ 1º. O ato de hastear ou arriar a bandeira-insígnia ou o distintivo é executado sem cerimônia militar por militar para isso designado.

§ 2º. Por ocasião da solenidade de hasteamento ou de arriação da Bandeira Nacional, a bandeira-insígnia ou distintivo deve ser arriado, devendo ser hasteado novamente após o término daquelas solenidades.

Art. 94. No mastro em que estiver hasteada a Bandeira Nacional, nenhuma bandeira-insígnia ou distintivo deve ser posicionado acima dela, mesmo que nas adriças da verga de sinais.

Parágrafo único. Excetuam-se do disposto neste artigo os navios e os estabelecimentos da Marinha do Brasil que possuem mastro com carangueja, cujo penol, por ser local de destaque e de honra, é privativo da Bandeira Nacional.

Art. 95. A disposição das bandeiras-insígnias ou distintivos referentes a autoridades presentes a uma Organização Militar será regulamentada em cerimonial específico do Ministério da Defesa e de cada Força Armada.

Art. 96. Se várias Organizações Militares tiverem sede em um mesmo edifício, no mastro desse edifício só é hasteada a bandeira-insígnia ou distintivo da mais alta autoridade presente.

Art. 97. Todas as Organizações Militares devem ter, disponíveis para uso, as bandeiras-insígnias do Presidente da República, do Vice-Presidente da República, do Ministro de Estado da Defesa, do Comandante da respectiva Força e das autoridades da cadeia de comando a que estiverem subordinadas.

Art. 98. O Ministro de Estado da Defesa e o oficial com direito a bandeira-insígnia ou distintivo, este quando uniformizado e nos termos da regulamentação específica de cada Força Armada, podem fazer uso, na viatura oficial que os transporta, de uma miniatura da respectiva bandeira-insígnia ou distintivo, presa em haste apropriada fixada no para-lama dianteiro direito.

TÍTULO III – DAS HONRAS MILITARES

Capítulo I – Generalidades

Art. 99. Honras Militares são homenagens coletivas que se tributam aos militares das Forças Armadas, de acordo com sua hierarquia, e às altas autoridades civis, segundo o estabelecido neste Regulamento e traduzidas por meio de:

I – Honras de Recepção e Despedida;

II – Comissão de Cumprimentos e de Pêsames; e

III – Preito da Tropa.

Art. 100. Têm direito a honras militares:

I – o Presidente da República;

II – o Vice-Presidente da República;

III – o Congresso Nacional e o Supremo Tribunal Federal, quando incorporados;

IV – os Ministros de Estado e os Comandantes da Marinha, do Exército e da Aeronáutica;

V – o Superior Tribunal Militar, quando incorporado;

VI – os Militares das Forças Armadas;

VII – os Governadores dos Estados, e do Distrito Federal; e

VIII – os Chefes de Missão Diplomática.

Parágrafo único. Excepcionalmente, por determinação do Presidente da República, do Ministro de Estado da Defesa ou do Comandante da Marinha, do Exército ou da Aeronáutica serão prestadas Honras Militares a outras autoridades não especificadas neste artigo.

Capítulo II – Das Honras de Recepção e Despedida

Art. 101. São denominadas Honras de Recepção e Despedida as honras prestadas às autoridades definidas no art. 100 deste Regulamento, ao chegarem ou saírem de navio ou outra organização militar, e por ocasião de visitas e inspeções.

Art. 102. As visitas ou inspeções, sem aviso prévio da autoridade, à Organização Militar, não implicam a alteração da sua rotina de trabalho; ao ser informado da presença da autoridade na Organização, o comandante, chefe ou diretor vai ao seu encontro, apresenta-se e a acompanha durante a sua permanência.

§ 1º. Em cada local de serviço ou instrução, o competente responsável apresenta-se à autoridade e transmite-lhe as informações ou esclarecimentos que lhe forem solicitados referentes às suas funções.

§ 2º. Terminada a visita, a autoridade é acompanhada até a saída pelo comandante, chefe ou diretor e pelos oficiais integrantes da equipe visitante.

Art. 103. Nas visitas ou inspeções programadas, a autoridade visitante ou inspecionadora indica à autoridade interessada a finalidade, o local e a hora de sua inspeção ou visita, especificando, se for o caso, as disposições a serem tomadas.

§ 1º. A autoridade é recebida pelo comandante, diretor ou chefe, sendo-lhe prestadas as continências devidas.

§ 2º. Há Guarda de Honra sempre que for determinado por autoridade superior, dentro da cadeia de comando, ao comandante, chefe ou diretor da Organização Militar ou pelo próprio visitante e, neste caso, somente quando se tratar da primeira visita ou inspeção feita a Organização Militar que lhe for subordinada.

§ 3º. Há apresentação de todos os oficiais à autoridade presente, cabendo ao Comandante da Organização Militar realizar a apresentação do oficial seu subordinado de maior hierarquia, seguindo-se a apresentação individual dos demais.

Capítulo III – Das Comissões de Cumprimentos e de Pêsames

Seção I – Das Comissões de Cumprimentos

Art. 104. As Comissões de Cumprimentos são constituídas por Oficiais de uma Organização Militar com o objetivo de testemunhar pública deferência às autoridades mencionadas no art. 100 deste Regulamento.

§ 1°. Cumprimentos são apresentações nos dias da Pátria, do Marinheiro, do Soldado e do Aviador, como também na posse de autoridades civis e militares.

§ 2°. Excepcionalmente, podem ser determinados, pelo Ministro de Estado da Defesa, pelo Comandante da Marinha, do Exército ou da Aeronáutica, ou pelo Comandante Militar de Área, de Distrito Naval, de Comando Naval ou de Comando Aéreo Regional, cumprimentos a autoridades em dias não especificados no § 1° deste artigo.

Art. 105. Na posse do Presidente da República a oficialidade da Marinha, do Exército e da Aeronáutica é representada por comissões de cumprimentos compostas pelos oficiais-generais de cada Força Armada que servem na Capital Federal, as quais fazem a visita de apresentação àquela autoridade, acompanhando o Ministro de Estado da Defesa e sob a direção dos Comandantes das respectivas Forças;

§ 1°. Essas visitas são realizadas em idênticas condições, na posse do Ministro de Estado da Defesa pela oficialidade da Marinha, do Exército e da Aeronáutica, ficando a apresentação a cargo dos Comandantes de cada Força.

§ 2°. Essas visitas são realizadas em idênticas condições, na posse do Comandante da Marinha pela oficialidade da Marinha, na posse do Comandante do Exército, pela oficialidade do Exército e, na posse do Comandante da Aeronáutica, pela oficialidade da Aeronáutica, ficando a apresentação a cargo dos Chefes de Estado-Maior de cada Força.

Art. 106. Nos cumprimentos ao Presidente da República ou a outras autoridades, nos dias de Festa Nacional ou em qualquer outra solenidade, os oficiais que comparecerem incorporados deslocam-se, de acordo com a precedência, em coluna por um, até a altura da autoridade, onde fazem alto, defrontando-se a esta.

Seção II – Das Comissões de Pêsames

Art. 107. As Comissões de Pêsames são constituídas para acompanhar os restos mortais de militares da ativa, da reserva ou reformados e demonstrar publicamente o sentimento de pesar que a todos envolve.

Capítulo IV – Do Preito da Tropa

Art. 108. Preito da Tropa são Honras Militares, de grande realce, prestadas diretamente pela tropa e exteriorizadas por meio de:

I – Honras de Gala; e

II – Honras Fúnebres.

Seção I – Das Honras de Gala

Art. 109. Honras de Gala são homenagens, prestadas diretamente pela tropa, a uma alta autoridade civil ou militar, de acordo com a sua hierarquia e consistem de:

I – Guarda de Honra;

II – Escolta de Honra; e

III – Salvas de Gala.

Art. 110. Têm direito a Guarda e a Escolta de Honra:

I – o Presidente da República;

II – o Vice-Presidente de República;

III – o Congresso Nacional e o Supremo Tribunal Federal nas sessões de abertura e encerramento de seus trabalhos;

IV – o Chefe de Estado Estrangeiro, na cerimônia oficial de chegada à Capital Federal;

V – os Embaixadores estrangeiros, quando da entrega de suas credenciais;

VI – os Ministros de Estado, os Comandantes da Marinha, do Exército e da Aeronáutica e, quando incorporado, o Superior Tribunal Militar;

VII – os Ministros Plenipotenciários de Nações Estrangeiras e os Enviados Especiais;

VIII – os Almirantes-de-Esquadra, Generais-de-Exército e Tenentes-Brigadeiros, nos casos previstos no § 2º do art. 103 deste Regulamento, ou quando, por motivo de serviço, desembarcarem em uma Guarnição Militar e forem hierarquicamente superiores ao comandante desta;

IX – os Governadores de Estado, dos Territórios Federais e do Distrito Federal, quando em visita de caráter oficial a uma Organização Militar; e

X – os demais oficiais-generais, somente nos casos previstos no § 2º do art. 103 deste Regulamento.

§ 1º. Para as autoridades mencionadas nos incisos I a V do *caput* deste artigo, a Guarda de Honra tem o efetivo de um batalhão ou equivalente; para as demais autoridades, de uma Companhia ou equivalente.

§ 2º. Ressalvados os casos previstas no § 2º do art. 103 deste Regulamento, a formatura de uma Guarda de Honra é ordenada pela mais alta autoridade militar local.

§ 3º. Salvo determinação contrária do Presidente da República, a Guarda de Honra destinada a prestar-lhe homenagem por ocasião do seu embarque ou desembarque, em aeródromo militar, quando de suas viagens oficiais e de serviço, é constituída do valor de um pelotão e banda de música.

§ 4º. Para as autoridades indicadas nos incisos II, VI, VIII e X do *caput* deste artigo, por ocasião do embarque e desembarque em viagens na mesma situação prevista no § 3º deste artigo, é observado o seguinte procedimento:

I – para o Vice-Presidente da República, é prestada homenagem por Guarda de Honra constituída do valor de um pelotão e corneteiro;

II – para o Ministro de Estado da Defesa e para os Comandantes da Marinha, do Exército e da Aeronáutica, o embarque ou desembarque é guarnecido por uma ala de tropa armada;

III – para os demais Ministros de Estado é executado o toque de continência previsto no "Manual de Toques, Marchas e Hinos das Forças Armadas" – FA-M-13, e, caso solicitado com prévia antecedência, o embarque ou desembarque é guarnecido por uma ala de tropa armada; e

IV – para os oficiais-generais, é executado o toque de continência previsto no "Manual de Toques, Marchas e Hinos das Forças Armadas" – FA-M-13.

§ 5º. Nos Aeroportos civis, as Honras Militares, na área do aeroporto, são prestadas somente ao Presidente e ao Vice-Presidente da República, por tropa da Aeronáutica, caso existente na localidade, de acordo com o cerimonial estabelecido pela Presidência da República; para os Ministros de Estado, caso solicitado com prévia antecedência, o embarque ou o desembarque é guarnecido por uma ala de Polícia da Aeronáutica, se existente na localidade, e somente quando as referidas autoridades estiverem sendo conduzidas em aeronave militar.

§ 6º. Nas Organizações Militares da Aeronáutica, as autoridades mencionadas nos incisos I a IX do *caput* deste artigo, bem como os oficiais-generais, em trânsito como passageiros, tripulantes ou pilotos de aeronaves militares ou civis, são recebidos à porta da aeronave pelo comandante da Organização Militar ou oficial especialmente designado e, estando presente autoridade de maior precedência, o comandante da Organização Militar ou o oficial designado a acompanha na recepção à porta da aeronave.

§ 7º. Nas Organizações Militares da Aeronáutica, as autoridades mencionadas nos incisos VIII, IX e X do *caput* deste artigo, quando em visita oficial, poderão ser recepcionadas por ala de Polícia da Aeronáutica, postada à entrada do prédio do Comando, ou outro local previamente escolhido, onde o comandante da Organização ou o oficial especialmente designado recebe a autoridade.

§ 8º. Por ocasião de embarque ou desembarque do Presidente da República em aeroportos civis ou militares no exterior, os Adidos militares seguirão o mesmo procedimento dos diplomatas lotados na Missão, de acordo com o previsto pelo Cerimonial do Ministério das Relações Exteriores.

Art. 111. Têm direito a salvas de gala:

I – o Presidente da República, o Chefe do Estado Estrangeiro quando de sua chegada à Capital Federal e, quando incorporados, o Congresso Nacional e o Supremo Tribunal Federal – vinte e um tiros;

II – o Vice-Presidente da República, os Embaixadores de Nações Estrangeiras, os Ministros de Estado, os Comandantes da Marinha, do Exército e da Aeronáutica, os Governadores dos Estados e o do Distrito Federal (estes somente quando em visita de caráter oficial à Organizações Militares, respectivamente, no seu Estado e no Distrito Federal), os Almirantes, os Marechais e os Marechais-do-Ar – dezenove tiros;

III – o Chefe do Estado-Maior de Defesa, os Chefes dos Estados-Maiores de cada Força Armada, os Almirantes-de-Esquadra, os Generais-de-Exército, os Tenentes-Brigadeiros, os Ministros Plenipotenciários de Nações Estrangeiras, os Enviados Especiais, e, quando incorporado, o Superior Tribunal Militar – dezessete tiros;

IV – os Vice-Almirantes, os Generais-de-Divisão, os Majores-Brigadeiros, os Ministros Residentes de Nações Estrangeiras – quinze tiros; e

V – os Contra-Almirantes, os Generais-de-Brigada, os Brigadeiros-do-Ar e os Encarregados de Negócios de Nações Estrangeiras – treze tiros.

Parágrafo único. No caso de comparecimento de várias autoridades a ato público ou visita oficial, é realizada somente a salva que corresponde à autoridade de maior precedência.

Subseção I – Das Guardas de Honra

Art. 112. Guarda de Honra é a tropa armada, especialmente postada para prestar homenagem às autoridades referidas no art. 110 deste Regulamento.

Parágrafo único. A Guarda de Honra pode formar a qualquer hora do dia ou da noite.

Art. 113. A Guarda de Honra conduz Bandeira Nacional, banda de música, corneteiros ou clarins e tambores; forma em linha, dando a direita para o lado de onde vem a autoridade que se homenageia.

Parágrafo único. As Guardas de Honra podem ser integradas por militares de mais de uma Força Armada ou Auxiliar, desde que haja conveniência e assentimento entre os comandantes.

Art. 114. A Guarda de Honra só faz continência à Bandeira Nacional, ao Hino Nacional e às autoridades hierarquicamente superiores ao homenageado; para as autoridades de posto superior ao do seu comandante ou à passagem de tropa com efetivo igual ou superior a um pelotão, toma a posição de "Sentido".

Art. 115. A autoridade que é recebida por Guarda de Honra, após lhe ser prestada a continência, passa revista à tropa formada, acompanhada do Comandante da Guarda de Honra.

§ 1º. A autoridade anfitriã ou seu representante poderá acompanhar a autoridade homenageada, colocando-se à sua direita e à retaguarda e, neste caso, o Comandante da Guarda de Honra ficará à esquerda e à retaguarda da autoridade homenageada.

§ 2º. Os acompanhantes da autoridade homenageada deslocam-se diretamente para o local de onde é assistido o desfile da Guarda de Honra.

§ 3º. A autoridade homenageada pode dispensar o desfile da Guarda de Honra.

§ 4º. A Guarda de Honra destinada a homenagear autoridade estrangeira pode ter o desfile dispensado pela autoridade que determinou a homenagem.

§ 5º. Salvo determinação em contrário, a Guarda de Honra não forma na retirada do homenageado.

Subseção II – Das Escoltas de Honra

Art. 116. Escolta de Honra é a tropa a cavalo ou motorizada, em princípio constituída de um esquadrão (companhia), e no mínimo de um pelotão, destinada a acompanhar as autoridades referidas no art. 110 deste Regulamento.

§ 1º. No acompanhamento, o comandante da Escolta a Cavalo se coloca junto à porta direita da viatura, que é precedida por dois batedores, enquadrada lateralmente por duas filas, uma de cada lado da viatura, com cinco cavaleiros cada, e seguida do restante da tropa em coluna por três ou por dois.

§ 2º. No caso de Escolta motorizada, três viaturas leves antecedem o carro, indo o comandante da escolta na primeira delas, sendo seguido das demais; se houver motocicletas, a formação é semelhante à da escolta a cavalo.

§ 3º. A Escolta de Honra, sempre que cabível, poderá ser executada também por aeronaves, mediante a interceptação, em voo, da aeronave que transporta qualquer das autoridades referidas no art. 110 deste Regulamento, obedecendo ao seguinte:

I – as aeronaves integrantes da escolta se distribuem, em quantidades iguais, nas alas direita e esquerda da aeronave escoltada; e

II – caso a escolta seja efetuada por mais de uma unidade aérea, caberá àquela comandada por oficial de maior precedência hierárquica ocupar a ala direita.

Subseção III – Das Salvas de Gala

Art. 117. Salvas de Gala são descargas, executadas por peças de artilharia, a intervalos regulares, destinadas a complementar, para as autoridades nomeadas no art. 111 deste Regulamento, as Honras de Gala previstas neste Capítulo.

Art. 118. As salvas de gala são executadas no período compreendido entre as oito horas e a hora da arriação da Bandeira Nacional.

Parágrafo único. As salvas de gala são dadas com intervalos de cinco segundos, exceto nos casos dispostos nos § 1º e 2º do art. 122 deste Regulamento.

Art. 119. A Organização Militar em que se achar o Presidente da República ou que estiver com embandeiramento de gala, por motivo de Festa Nacional ou estrangeira, não responde às salvas.

Art. 120. O comandante de uma Organização Militar que, por qualquer motivo, não possa responder à salva, deve comunicar à autoridade competente e com a maior brevidade as razões que o levaram a tomar tal atitude.

Art. 121. São dadas Salvas de Gala:

I – nas grandes datas nacionais e no Dia da Bandeira Nacional;

II – nas datas festivas de países estrangeiros, quando houver algum convite para acompanhar uma salva que é dada por navio de guerra do país considerado; e

III – em retribuição de salvas.

Parágrafo único. As salvas, quando tiverem de ser respondidas, o serão por outras de igual número de tiros.

Art. 122. Podem ser ainda dadas Salvas de Gala:

I – no comparecimento a atos públicos, de notável expressão, de autoridades que tenham direito a essas salvas;

II – quando essas autoridades, com aviso prévio, visitarem uma guarnição federal, sede de unidades de artilharia e somente por ocasião da chegada;

III – na chegada e saída de autoridade que tenha direito às salvas, quando em visita oficial anunciada a uma Organização Militar;

IV – no embarque ou desembarque do Presidente da República, conforme o disposto no § 1º deste artigo; e

V – na Cerimônia Oficial de Chegada de Chefe de Estado Estrangeiro à Capital Federal, conforme o disposto no § 2º deste artigo.

§ 1º. Por ocasião de homenagens prestadas ao Presidente da República, as salvas são executadas exclusivamente quando formar Guarda de Honra, e, neste caso, têm a duração correspondente ao tempo de execução da primeira parte do Hino Nacional.

§ 2º. No caso do disposto no inciso V deste artigo, a duração das salvas corresponde ao tempo de execução dos Hinos Nacionais dos dois países.

Art. 123. Na Marinha é observado, para salvas, o que dispõe o Cerimonial da Marinha, combinado, se for o caso, com o disposto no presente Regulamento.

Seção II – Das Honras Fúnebres

Art. 124. Honras Fúnebres são homenagens póstumas prestadas diretamente pela tropa aos despojos mortais de uma alta autoridade ou de um militar da ativa, de acordo com a posição hierárquica que ocupava e consistem de:

I – Guarda Fúnebre;

II – Escolta Fúnebre; e

III – Salvas Fúnebres.

§ 1º. As Honras Fúnebres são prestadas aos restos mortais:

I – do Presidente da República;

II – do Ministro de Estado da Defesa;

III – dos Comandantes da Marinha, do Exército e da Aeronáutica; e

IV – dos Militares das Forças Armadas.

§ 2º. Excepcionalmente, por determinação do Presidente da República, do Ministro de Estado da Defesa ou do Comandante da Marinha, do Exército ou da Aeronáutica, são prestadas Honras Fúnebres aos despojos mortais de Presidente do Congresso Nacional, Presidente da Câmara dos Deputados, Presidente do Supremo Tribunal Federal, Ministro de Estado ou Secretário Especial da Presidência da República equiparado a Ministro de Estado, assim como o seu transporte, em viatura especial, acompanhada por tropa.

§ 3º. Excepcionalmente, por determinação do Presidente da República, do Ministro de Estado da Defesa, do Comandante da Marinha, do Exército ou da Aeronáutica, ou de outra autoridade militar, são prestadas Honras Fúnebres aos despojos mortais de Chefes de Missão Diplomática estrangeira falecidos no Brasil, ou de insigne personalidade, assim como o seu transporte, em viatura especial, acompanhada por tropa.

§ 4º. As Honras Fúnebres prestadas a Chefes de Missão Diplomática estrangeira ou às autoridades mencionadas no § 1º deste artigo seguem as mesmas determinação estabelecidas para os Comandantes da Marinha, do Exército e da Aeronáutica.

Art. 125. As Honras Fúnebres a militares da ativa são, em princípio, prestadas por tropa da Força Armada a que pertencia o extinto.

§ 1º. Quando na localidade em que se efetuar a cerimônia não houver tropa dessa Força, as Honras Fúnebres podem ser prestadas por tropa de outra Força, após entendimentos entre seus Comandantes.

§ 2º. O féretro de comandante de Estabelecimento de Ensino é acompanhado por tropa armada constituída por alunos desse estabelecimento.

Art. 126. O ataúde, depois de fechado, até o início do ato de inumação, será coberto com a Bandeira Nacional, ficando a tralha no lado da cabeceira do ataúde e a estrela isolada (ESPIGA) à direita.

§ 1º. Para tal procedimento, quando necessário, deverá a Bandeira Nacional ser fixada ao ataúde para evitar que esvoace durante os deslocamentos do cortejo.

§ 2º. Antes do sepultamento, deverá a Bandeira Nacional ser dobrada, sob comando, na forma do Anexo II a esta Portaria Normativa.

Art. 127. Ao descer o corpo à sepultura, com corneteiro ou clarim postado junto ao túmulo, é dado o toque de silêncio.

Art. 128. As Honras Fúnebres a militares da reserva ou reformados constam de comissões previamente designadas por autoridade competente.

Art. 129. As Honras Fúnebres não são prestadas:

I – quando o extinto com direito às homenagens as houver dispensado em vida ou quando essa dispensa parte da própria família;

II – nos dias de Festa Nacional;

III – no caso de perturbação da ordem pública;

IV – quando a tropa estiver de prontidão; e

V – quando a comunicação do falecimento chegar tardiamente.

Subseção I – Das Guardas Fúnebres

Art. 130. Guarda Fúnebre é a tropa armada especialmente postada para render honras aos despojos mortais de militares da ativa e de altas autoridades civis.

Parágrafo único. A Guarda Fúnebre toma apenas a posição de "Sentido" para a continência às autoridades de posto superior ao do seu comandante.

Art. 131. A Guarda Fúnebre posta-se no trajeto a ser percorrido pelo féretro, de preferência na vizinhança da casa mortuária ou da necrópole, com a sua direita voltada para o lado de onde virá o cortejo e em local que, prestando-se à formatura e à execução das salvas, não interrompa o trânsito público.

Art. 132. A Guarda Fúnebre, quando tiver a sua direita alcançada pelo féretro, dá três descargas, executando em seguida "Apresentar Arma"; durante a continência, os corneteiros ou clarins e tambores tocam uma composição grave ou, se houver banda de música, esta executa uma marcha fúnebre.

§ 1º. Se o efetivo da Guarda Fúnebre for de um batalhão ou equivalente, as descargas de fuzil são dadas somente pela subunidade da direita, para isso designada.

§ 2º. Se o efetivo da Guarda Fúnebre for igual ou superior a uma companhia ou equivalente, conduz Bandeira Nacional e tem banda de música ou clarins.

Art. 133. A Guarda Fúnebre é assim constituída:

I – para o Presidente de República:

a) por toda a tropa disponível das Forças Armadas, que forma em alas, exceto a destinada a fazer as descargas fúnebres; e

b) a Guarda da Câmara Ardente é formada por Aspirantes da Marinha e Cadetes do Exército e da Aeronáutica, os quais constituem, para cada Escola, um posto de sentinela dupla junto à urna funerária;

II – para o Ministro de Estado da Defesa:

a) por um destacamento composto de um ou mais batalhões ou equivalentes de cada Força Armada, cabendo o comando à Força a que pertence o Chefe do Estado-Maior de Defesa; e

b) a Guarda da Câmara Ardente é formada por Aspirantes da Marinha e Cadetes do Exército e da Aeronáutica;

III – para os Comandantes da Marinha, do Exército e da Aeronáutica:

a) por um destacamento composto de um ou mais batalhões ou equivalentes de cada Força Armada, cabendo o comando à Força a que pertencia o falecido; e

b) a Guarda da Câmara Ardente é formada por Aspirantes ou Cadetes pertencentes à Força Singular da qual fazia parte o extinto;

IV – para os oficiais-generais: por tropa com o efetivo de um batalhão de infantaria, ou equivalente, de sua Força;

V – para os oficiais superiores: por tropa com o efetivo de duas companhias de infantaria, ou equivalente, de sua Força;

VI – para os oficiais intermediários: por tropa com o efetivo de companhia de infantaria, ou equivalente, de sua Força;

VII – para oficiais subalternos: por tropa com o efetivo de um pelotão de fuzileiros, ou equivalente, de sua Força;

VIII – para Aspirantes, Cadetes e alunos do Colégio Naval e Escolas Preparatórias ou equivalentes: por tropa com o efetivo de dois grupos de combate, ou equivalente, da respectiva Força;

IX – para Subtenentes, Suboficiais e Sargentos: por tropa com o efetivo de um grupo de combate, ou equivalente, da respectiva Força; e

X – para Cabos, Marinheiros e Soldados: por tropa com o efetivo de uma esquadra de fuzileiros de grupo de combate, ou equivalente, da respectiva Força.

§ 1º. As sentinelas de câmaras ardentes, enquanto ali estiverem, mantêm o fuzil na posição de "Em Funeral Arma" e ladeiam o ataúde, ficando de um mesmo lado face a face.

§ 2º. Quando, pela localização da necrópole, a Guarda Fúnebre vier causar grandes transtornos à vida da comunidade, ou quando a premência de tempo não permitir um planejamento e execução compatíveis, a critério de comandante militar da área, ou por determinação superior, ela pode ser substituída por tropa postada em alas, de valor não superior a uma companhia, no interior da necrópole e por grupo de combate nas proximidades da sepultura, que realiza as descargas de fuzil previstas no art. 132 deste Regulamento.

§ 3º. As Honras Fúnebres são determinadas pelo Presidente da República, pelo Ministro de Estado da Defesa, pelo Comandante da Marinha, do Exército ou da Aeronáutica, pelo Comandante de Distrito Naval, de Comando Naval, de Comando Militar de Área, de Comando Aéreo Regional, de Navio, de Guarnição ou de Corpo de Tropa, tal seja o comando da unidade ou navio a que pertencia o extinto.

§ 4º. Nos casos previstos nos §§ 2º e 3º do art. 124 deste Regulamento, caberá à autoridade que determinar as Honras Fúnebres definir que Força Armada as comandará e formará a Guarda da Câmara Ardente.

Subseção II – Das Escoltas Fúnebres

Art. 134. Escolta Fúnebre é a tropa destinada ao acompanhamento dos despojos mortais do Presidente da República, de altas autoridades militares e de oficiais das Forças Armadas falecidos quando no serviço ativo.

Parágrafo único. Se o militar falecido exercia funções de comando em Organização Militar, a escolta é composta por militares dessa organização.

Art. 135. A Escolta Fúnebre procede, em regra, durante o acompanhamento, como a Escolta de Honra; quando parada, só toma posição de "Sentido" para prestar continência às autoridades de posto superior ao de seu comandante.

Parágrafo único. A Escolta Fúnebre destinada a acompanhar os despojos mortais de oficiais superiores, intermediários, subalternos e praças especiais forma a pé, descoberta, armada de sabre e ladeia o féretro do portão do cemitério ao túmulo.

Art. 136. A Escolta Fúnebre é constituída:

I – para o Presidente da República: por tropa a cavalo ou motorizada do efetivo equivalente a um batalhão;

II – para o Ministro de Estado da Defesa: por tropa a cavalo ou motorizada do efetivo equivalente a duas companhias;

III – para os Comandantes da Marinha, do Exército e da Aeronáutica: por tropa a cavalo ou motorizada do efetivo equivalente a uma companhia;

IV – para oficiais-generais: por tropa a cavalo ou motorizada de efetivo equivalente a um pelotão;

V – para oficiais superiores: por tropa, formada a pé, de efetivo equivalente a um pelotão;

VI – para oficiais intermediários: por tropa, formada a pé, de efetivo equivalente a dois grupos de combate;

VII – para oficiais subalternos, guardas-marinha e aspirante a oficial: por tropa, formada a pé, de efetivo equivalente a um grupo de combate; e

VIII – para Aspirantes, Cadetes e alunos do Colégio Naval e Escolas Preparatórias: por tropa, formada a pé, composta de Aspirantes, Cadetes e Alunos, correspondentes ao efetivo de um grupo de combate.

Parágrafo único. As praças não têm direito a Escolta Fúnebre.

Subseção III – Das Salvas Fúnebres

Art. 137. Salvas Fúnebres são executadas por peças de artilharia, a intervalos regulares de trinta segundos, destinadas a complementar, nos casos específicos, as Honras Fúnebres previstas neste Capítulo.

Art. 138. As Salvas Fúnebres são executadas:

I – por ocasião do falecimento do Presidente da República:

a) logo que recebida a comunicação oficial, a Organização Militar designada executa uma salva de vinte e um tiros, seguida de um tiro de dez em dez minutos até a inumação, com a Bateria de Salva postada próxima ao local da Câmara Ardente; e

b) ao baixar o ataúde à sepultura, a Bateria de Salva, estacionada nas proximidades do cemitério, dá uma salva de vinte e um tiros;

II – por ocasião do falecimento das demais autoridades mencionadas no art. 111 deste Regulamento:

a) ao baixar o ataúde à sepultura, a Bateria de Salva, estacionada nas proximidades do cemitério, dá as salvas correspondentes à autoridade falecida conforme estabelecido no art. 111 deste Regulamento.

TÍTULO IV – DO CERIMONIAL MILITAR

Capítulo I – Generalidades

Art. 139. O Cerimonial Militar tem por objetivo dar a maior solenidade possível a determinados atos na vida militar ou nacional, cuja alta significação convém ser ressaltada.

Art. 140. As cerimônias militares contribuem para desenvolver, entre superiores e subordinados, o espírito de corpo, a camaradagem e a confiança, virtudes castrenses que constituem apanágio dos membros das Forças Armadas.

Parágrafo único. A execução do Cerimonial Militar, inclusive sua preparação, não deve acarretar perturbação sensível à marcha regular da instrução.

Art. 141. Nessas cerimônias, a tropa apresenta-se com o uniforme de parada, utilizando armamento o mais padronizado possível.

Parágrafo único. Salvo ordem em contrário, nessas cerimônias, a tropa não conduz viaturas.

Capítulo II – Da Precedência nas Cerimônias

Art. 142. A precedência atribuída a uma autoridade em razão de seu cargo ou função é normalmente traduzida por seu posicionamento destacado em solenidade, cerimônias, reuniões e outros eventos.

Art. 143. As cerimônias realizadas em Organizações Militares são presididas pela autoridade – da cadeia de comando – de maior grau hierárquico presente ou pela autoridade indicada em conformidade com o cerimonial específico de cada Força Armada.

§ 1º. A cerimônia será dirigida pelo comandante, chefe ou diretor da Organização Militar e se desenvolverá de acordo com a programação por ele estabelecida com a devida antecedência.

§ 2º. Na sede do Ministério da Defesa e nas Organizações Militares, o Ministro de Estado da Defesa presidirá toda cerimônia a que comparecer, com as ressalvas dos arts. 145 e 146 deste Regulamento.

§ 3º. A colocação de autoridades e personalidades nas solenidades oficiais, inclusive cerimônias militares, organizadas pelo Ministério da Defesa e pelas Forças Armadas, é regulada pelas Normas do Cerimonial Público e Ordem Geral de Precedência.

§ 4º. Nas cerimônias militares, o Governador do Estado, de Território Federal ou do Distrito Federal onde ocorre a solenidade, se comparecer, ocupa lugar de honra, observada, no que couber, a Ordem Geral de Precedência.

§ 5º. A precedência entre os Adidos Militares estrangeiros do mesmo posto é estabelecida pela ordem de antiguidade da Representação Diplomática do seu país de origem no Brasil.

Art. 144. Nas Missões Diplomáticas, os Adidos Militares que forem Oficiais-Generais passarão logo depois do Ministro-Conselheiro que for o substituto do Chefe da Missão, enquanto os que forem Capitães-de-Mar-e-Guerra ou equivalentes passarão depois do Conselheiro ou do Primeiro-Secretário que for o substituto do Chefe da Missão.

Art. 145. Quando o Presidente da República comparecer a qualquer solenidade militar, compete-lhe sempre presidi-la.

Art. 146. Não comparecendo o Presidente da República, o Vice-Presidente da República presidirá a solenidade militar a que estiver presente.

Art. 147. A leitura da Ordem do Dia, se houver, é procedida diante da tropa formada.

Art. 148. O comandante, o chefe ou o diretor da Organização Militar, nas visitas, acompanha a maior autoridade presente, a fim de prestar-lhe as informações necessárias.

Parágrafo único. Nas cerimônias militares por ocasião de visitas, o comandante, o chefe ou o diretor da Organização Militar visitada deve permanecer próximo à maior autoridade presente, mas não passa à frente do Presidente da República, do Vice-Presidente da República, do Ministro de Estado da Defesa, dos Comandantes da Marinha, do Exército e da Aeronáutica e de autoridades civis de precedência superior à destes, ou dos superiores da sua carreira de comando.

Art. 149. Quando diversas organizações civis e militares concorrerem em serviço, recepções, cumprimentos, etc., sendo o Ministério da Defesa responsável pela organização do evento, serão observadas as Normas do Cerimonial Público e Ordem Geral de Precedência e, no que couber, as Normas de Cerimonial do Ministério da Defesa.

Art. 150. Nas formaturas, visitas, recepções e cumprimentos, onde comparecerem simultaneamente representantes de Organizações Militares Nacionais e Estrangeiras, cada uma tem a precedência dentro de sua respectiva hierarquia e, todavia, por especial deferência, pode a autoridade que preside o evento determinar, previamente, que as representações estrangeiras tenham posição de destaque nos aludidos eventos.

Art. 151. Quando uma autoridade se faz representar em solenidade ou cerimônia, seu representante tem lugar compatível com sua própria precedência, não a precedência correspondente à autoridade que representa.

Parágrafo único. O representante do Presidente da República, se não presidir a solenidade, ocupa o lugar de honra à direita da autoridade que a preside.

Capítulo III – Da Bandeira Nacional

Seção I – Generalidades

Art. 152. A Bandeira Nacional pode ser hasteada e arriada a qualquer hora do dia ou da noite.

§ 1°. Normalmente, em Organização Militar, faz-se o hasteamento no mastro principal às oito horas e a arriação às dezoito horas ou ao pôr do sol.

§ 2º. No dia 19 de novembro, como parte dos eventos comemorativos do Dia da Bandeira, a Bandeira Nacional será hasteada em ato solene às doze horas, de acordo com o cerimonial do Ministério da Defesa ou com os cerimoniais específicos de cada Força Armada, conforme o caso.

§ 3º. Nas Organizações Militares que não mantenham serviço ininterrupto, a Bandeira Nacional será arriada conforme o estabelecido no § 1º deste artigo, ou ao se encerrar o expediente, o que primeiro ocorrer.

§ 4º. Quando permanecer hasteada durante a noite, a Bandeira Nacional deve ser iluminada.

Art. 153. Nos dias de Luto Nacional e no dia de Finados, a Bandeira é mantida a meio mastro.

§ 1º. Por ocasião do hasteamento, a Bandeira vai até o topo do mastro, descendo em seguida até a posição a meio mastro; por ocasião da arriação, a Bandeira sobe ao topo do mastro, sendo em seguida arriada.

§ 2º. Nesses dias, os símbolos e insígnias de Comando permanecem também a meio mastro, de acordo com o cerimonial do Ministério da Defesa ou com o cerimonial específico de cada Força Armada, conforme o caso.

Art. 154. Nos dias de Luto Nacional e no dia de Finados, as bandas de música permanecem em silêncio.

Art. 155. O sinal de luto das Bandeiras transportadas por tropa consiste em um laço de crepe negro colocado na lança.

Art. 156. As Forças Armadas devem regular, no âmbito de seus Comandos, as cerimônias diárias de hasteamento e arriação da Bandeira Nacional.

Art. 157. Quando várias bandeiras são hasteadas ou arriadas simultaneamente, a Bandeira Nacional é a primeira a atingir o topo e a última a dele descer, sendo posicionada na parte central do dispositivo.

Seção II – Do Culto à Bandeira em Solenidades

Art. 158. No dia 19 de novembro, data consagrada à Bandeira Nacional, as Organizações Militares prestam o "Culto à Bandeira", cujo cerimonial consta de:

I – hasteamento da Bandeira Nacional, conforme disposto no art. 151, § 2º, deste Regulamento;

II – canto do Hino à Bandeira e, se for o caso, incineração de Bandeiras; e

III – desfile em continência à Bandeira Nacional.

Parágrafo único. Além dessas cerimônias, sempre que possível, deve haver sessão cívica em comemoração à data.

Art. 159. A formatura para o hasteamento da Bandeira, no dia 19 de novembro, é efetuada com:

I – uma "Guarda de Honra" a pé, sem Bandeira Nacional (constituída por uma subunidade nas unidades de valor regimento, batalhão ou grupo), com a banda de música e/ou corneteiros ou clarins e tambores;

II – dois grupamentos constituídos do restante da tropa disponível, a pé e sem armas; e

III – a Guarda da Organização Militar.

§ 1º. Para essa solenidade, a Bandeira Nacional da Organização Militar, sem guarda, deve ser postada em local de destaque, em frente ao mastro em que é realizada a solenidade.

§ 2º. A Guarda de Honra ocupa a posição central do dispositivo da tropa, em frente ao mastro.

§ 3º. A tropa deve apresentar o dispositivo a seguir mencionado, com as adaptações necessárias a cada local:

I – Guarda de Honra: linha de companhias ou equivalentes, em Organizações Militares nível batalhão/grupo ou linha de pelotões, ou equivalentes nas demais;

II – dois grupamentos de tropa: um à direita e outro à esquerda da "Guarda de Honra", com a formação idêntica à desta, comandados por oficiais; e

III – oficiais: em uma ou mais fileiras, colocados três passos à frente do comandante da Guarda de Honra.

Art. 160. O cerimonial para hasteamento da Bandeira, no dia 19 de novembro, obedece às seguintes determinações:

I – em se tratando de unidades agrupadas em um único local, a cerimônia será presidida pelo Comandante da Organização Militar ou da área, podendo a bandeira ser hasteada, conforme o caso, por qualquer daquelas autoridades; e

II – estando presente banda de música ou de corneteiros ou clarins e tambores, é executado o Hino Nacional ou a marcha batida.

Art. 161. Após o hasteamento, é procedida, se for o caso, à cerimônia de incineração de Bandeiras, finda a qual é cantado o Hino à Bandeira.

Art. 162. Após o canto do Hino à Bandeira, é procedido ao desfile da tropa em "Continência à Bandeira".

Art. 163. As Bandeiras Nacionais de Organizações Militares que forem julgadas inservíveis devem ser guardadas para proceder-se, no dia 19 de novembro, perante a tropa, à cerimônia cívica de sua incineração.

§ 1º. A Bandeira que invoque especialmente um fato notável da história de uma Organização Militar não é incinerada.

§ 2º. As Bandeiras Nacionais das Organizações civis que forem recolhidas como inservíveis às Organizações Militares são também incineradas nessa data.

Art. 164. O cerimonial da incineração de Bandeiras é realizado da seguinte forma:

I – numa pira ou receptáculo de metal, colocado nas proximidades do mastro onde se realiza a cerimônia de hasteamento da Bandeira, são depositadas as Bandeiras a serem incineradas;

II – o Comandante faz ler a Ordem do Dia alusiva à data e na qual é ressaltada, com fé e patriotismo, a alta significação das festividades a que se está procedendo;

III – terminada a leitura, uma praça antecipadamente escolhida da Organização Militar, em princípio a mais antiga e de ótimo comportamento, ateia fogo às Bandeiras previamente embebidas em álcool; e

IV – incineradas as Bandeiras, prossegue o cerimonial com o canto do Hino à Bandeira, regido pelo mestre da Banda de Música, com a tropa na posição de "Sentido".

Parágrafo único. As cinzas são depositadas em caixa e enterradas em local apropriado, no interior das respectivas Organizações Militares ou lançadas ao mar.

Art. 165. O desfile em continência à Bandeira é, então, realizado da seguinte forma:

I – a Bandeira da Organização Militar, diante da qual desfila a tropa, é posicionada em local de destaque, em correspondência com a que foi hasteada;

II – os oficiais que não desfilam com a tropa formam à retaguarda da Bandeira, constituindo a sua "Guarda de Honra";

III – o Comandante da Organização Militar toma posição à esquerda da Bandeira e na mesma linha desta; e

IV – terminado o desfile, retira-se a Bandeira Nacional, acompanhada do Comandante da Organização Militar e de sua "Guarda de Honra", até a entrada do edifício onde ela é guardada.

Seção III – Do Hasteamento em Datas Comemorativas

Art. 166. A Bandeira Nacional é hasteada nas Organizações Militares, com maior gala, de acordo com o cerimonial específico de cada Força Armada, nos seguintes dias:

I – grandes datas:

a) 7 de setembro: Dia da Independência do Brasil; e

b) 15 de novembro: Dia da Proclamação da República;

II – feriados:

a) 1º de janeiro: Dia da Fraternidade Universal;

b) 21 de abril: Inconfidência Mineira;

c) 1º de maio: Dia do Trabalhador;

d) 12 de outubro: Dia da Padroeira do Brasil; e

e) 25 de dezembro: Dia de Natal;

III – datas festivas:

a) 21 de fevereiro: Comemoração da Tomada de Monte Castelo;

b) 19 de abril: Dia do Exército Brasileiro;

c) 22 de abril: Dia da Aviação de Caça;

d) 8 de maio: Dia da Vitória na 2ª Guerra Mundial;

e) 11 de junho: Aniversário da Batalha Naval do Riachuelo – Data Magna da Marinha;

f) 25 de agosto: Dia do Soldado;

g) 23 de outubro: Dia do Aviador;

h) 19 de novembro: Dia da Bandeira Nacional;

i) 13 de dezembro: Dia do Marinheiro;

j) 16 de dezembro: Dia do Reservista;

k) Dia do Aniversário da Organização Militar.

Parágrafo único. No âmbito de cada Força Armada, por ato do respectivo Comandante, podem ser fixadas datas comemorativas para ressaltar as efemérides relativas às suas tradições peculiares.

Seção IV – Da Incorporação e Desincorporação da Bandeira

Art. 167. Incorporação é o ato solene do recebimento da Bandeira Nacional pela tropa, obedecendo às seguintes normas:

I – a tropa recebe a Bandeira Nacional em qualquer formação; o Porta-Bandeira, acompanhado de sua Guarda, vai buscá-la no local em que esta estiver guardada;

II – o Comandante da tropa, verificando que a Guarda-Bandeira está pronta, comanda "Sentido", "Ombro Arma", e "Bandeira – Avançar";

III – a Guarda-Bandeira desloca-se para a frente da tropa, posicionando-se a uma distância aproximada de trinta passos do lugar que vai ocupar na formatura, quando, então, será dado o comando de "Em Continência à Bandeira" – "Apresentar Armas"; e

IV – nessa posição, a Bandeira Nacional desfraldada recebe a continência prevista e se incorpora à tropa, que permanece em "Apresentar Arma" até que a Bandeira ocupe seu lugar na formatura.

Parágrafo único. Cada Força Armada deve regular as continências previstas para a incorporação da Bandeira Nacional à tropa.

Art. 168. Desincorporação é o ato solene da retirada da Bandeira da formatura, obedecendo às seguintes normas:

I – com a tropa na posição de "Ombro Arma" o Comandante comanda "Bandeira fora de forma";

II – a Bandeira Nacional, acompanhada de sua Guarda, desloca-se, posicionando-se a trinta passos da tropa e de frente para esta, quando, então, serão executados os toques de "Em Continência à Bandeira" – "Apresentar Arma";

III – nessa posição a Bandeira Nacional, desfraldada, recebe a continência prevista; e

IV – terminada a continência, será dado o toque de "Ombro Arma", após o que a Bandeira retira-se com sua Guarda.

Parágrafo único. Cada Força Armada deve regular as continências previstas para a desincorporação da Bandeira Nacional da tropa.

Art. 169. A tropa motorizada ou mecanizada desembarca para receber ou retirar da formatura a Bandeira.

Seção V – Da Apresentação da Bandeira Nacional aos Recrutas

Art. 170. Logo que os recrutas ficarem em condições de tomar parte, em uma formatura, o Comandante da Organização Militar apresenta-lhes a Bandeira Nacional, com toda solenidade.

Art. 171. A solenidade de Apresentação da Bandeira Nacional aos seus recrutas deve observar as seguintes determinações:

I – a tropa forma, armada, sem Bandeira, sob o comando do Comandante da Organização Militar;

II – a Bandeira, conduzida desfraldada, com sua Guarda, aproxima-se e ocupa lugar de destaque defronte da tropa;

III – o Comandante da Organização Militar, ou quem for por ele designado, deixa a formatura, cumprimenta a Bandeira Nacional perante a tropa, procede a seguir a uma alocução aos recrutas, apresentando-lhes a Bandeira Nacional;

IV – nessa alocução devem ser abordados os seguintes pontos:

a) o que representa a Bandeira Nacional;

b) os deveres do soldado para com ela;

c) o valor dos militares brasileiros no passado, que nunca a deixaram cair em poder do inimigo;

d) a unidade da Pátria; e

e) o espírito de sacrifício;

V – após a alocução, a tropa presta a continência à Bandeira Nacional; e

VI – a cerimônia termina com o desfile da tropa em continência à Bandeira Nacional.

Seção VI – Da Apresentação do Estandarte Histórico aos Recrutas

Art. 172. Em data anterior a da apresentação da Bandeira Nacional, deverá ser apresentado aos recrutas, se possível na data do aniversário da Organização Militar, o Estandarte Histórico.

Art. 173. A cerimônia de apresentação do Estandarte Histórico aos recrutas deve obedecer às seguintes determinações:

I – a tropa forma desarmada;

II – o Estandarte Histórico, conduzido sem guarda, aproxima-se e ocupa um lugar de destaque defronte à tropa;

III – o Comandante da Organização Militar faz uma alocução de apresentação do Estandarte Histórico, abordando:

a) o que representa o Estandarte da Organização Militar;

b) o motivo histórico da concessão, inclusive os feitos da Organização Militar de origem e sua atuação em campanha, se for o caso; e

c) a identificação das peças heráldicas que compõe o Estandarte Histórico;

IV – após a alocução do Comandante, a Organização Militar cantará a canção da Unidade; e

V – neste dia, o Estandarte Histórico deverá permanecer em local apropriado para ser visto por toda a tropa, por tempo a ser determinado pelo Comandante da Organização Militar.

Capítulo IV – Dos Compromissos

Seção I – Do Compromisso dos Recrutas

Art. 174. A cerimônia do Compromisso dos Recrutas é realizada com grande solenidade, no final do período de formação.

Art. 175. Essa cerimônia pode ser realizada no âmbito das Organizações Militares ou fora delas.

Parágrafo único. Quando várias Organizações Militares das Forças Armadas tiverem sede na mesma localidade, a cerimônia pode ser realizada em conjunto.

Art. 176. O cerimonial deve obedecer às seguintes determinações:

I – a tropa forma armada;

II – a Bandeira Nacional, sem a guarda, deixando o dispositivo da formatura, toma posição de destaque em frente da tropa;

III – para a realização do compromisso, o contingente dos recrutas, desarmados, toma dispositivo de frente para a Bandeira Nacional, entre esta e a tropa;

IV – disposta a tropa, o Comandante manda tocar "Sentido" e, em seguida, "Em Continência à Bandeira – Apresentar Arma", com uma nota de execução para cada toque e o porta-bandeira desfralda a Bandeira Nacional;

V – o compromisso é realizado pelos recrutas, perante a Bandeira Nacional desfraldada, com o braço direito estendido horizontalmente à frente do corpo, mão aberta, dedos unidos, palma para baixo, repetindo, em voz alta e pausada, as seguintes palavras:

> "INCORPORANDO-ME À MARINHA DO BRASIL (OU AO EXÉRCITO BRASILEIRO OU À AERONÁUTICA BRASILEIRA) – PROMETO CUMPRIR RIGOROSAMENTE – AS ORDENS DAS AUTORIDADES – A QUE ESTIVER SUBORDINADO – RESPEITAR OS SUPERIORES HIERÁRQUICOS – TRATAR COM AFEIÇÃO OS IRMÃOS DE ARMAS – E COM BONDADE OS SUBORDINADOS – E DEDICAR-ME INTEIRAMENTE AO SERVIÇO DA PÁTRIA – CUJA HONRA – INTEGRIDADE – E INSTITUIÇÕES – DEFENDEREI – COM O SACRIFÍCIO DA PRÓPRIA VIDA";

VI – em seguida, o Comandante manda tocar "Descansar Arma"; os recrutas baixam energicamente o braço, permanecendo, porém, na posição de "Sentido";

VII – em prosseguimento, é cantado o Hino Nacional, ao qual se segue a leitura da Ordem do Dia alusiva à data ou, na falta desta, do Boletim alusivo à solenidade;

VIII – os recrutas desfilam em frente à Bandeira Nacional, prestando-lhe a continência individual;

IX – terminada a cerimônia, e após a Bandeira Nacional ter ocupado o seu lugar no dispositivo, a tropa desfila em continência à maior autoridade presente; e

X – nas unidades motorizadas, onde a Bandeira Nacional e respectiva guarda são transportadas em viatura especial, o Porta-Bandeira conserva-se, durante o desfile, em pé, mantendo-se a guarda sentada.

Parágrafo único. Nas sedes de Grandes Unidades ou Guarnições:

I – a direção de todo o cerimonial compete, neste caso, ao comandante da Grande Unidade ou Guarnição; e

II – a cerimonial obedece, de maneira geral, as determinações estabelecidas neste artigo.

Seção II – Do Compromisso dos Reservistas

Art. 177. O cerimonial do Compromisso dos Reservistas, quando realizado nas sedes das Repartições do Serviço Militar, obedece, tanto quanto possível, as determinações estabelecidas para o Compromisso dos Recrutas, na Seção I deste Capítulo.

Parágrafo único. A cerimônia de entrega de certificados de dispensa de incorporação e de isenção do Serviço Militar consta de formatura e juramento à Bandeira pelos dispensados da incorporação.

Seção III
Do Compromisso dos Militares Nomeados ao Primeiro Posto e do Compromisso por Ocasião da Declaração a Guardas-Marinhas e Aspirantes-a-Oficial

Art. 178. Todo militar nomeado ao primeiro posto prestará o compromisso de oficial, de acordo com o determinado no regulamento de cada Força Armada.

Parágrafo único. A cerimônia é presidida pelo Comandante da Organização Militar ou pela mais alta autoridade militar presente.

Art. 179. Observadas as peculiaridades de cada Força Armada, em princípio, o cerimonial do compromisso obedecerá às seguintes determinações:

I – para o compromisso, que deve ser prestado na primeira oportunidade após a nomeação do oficial, a tropa forma armada e equipada, em linha de pelotões ou equivalentes; a Bandeira Nacional à frente, a vinte passos do centro da tropa; o comandante posta-se diante de todo o dispositivo, com a frente voltada para a Bandeira Nacional, a cinco passos desta;

II – os oficiais que vão prestar o compromisso, com a frente para a tropa e para a Bandeira Nacional, colocam-se a cinco passos desta, à esquerda e a dois passos do comandante;

III – a tropa, à ordem do comandante, toma a posição de "Sentido"; os compromitentes desembainham as suas espadas e perfilam-nas;

IV – os demais oficiais da Organização Militar, a dois passos, atrás da Bandeira Nacional, em duas fileiras, espadas perfiladas, assistem ao compromisso;

V – em seguida, a comando, a tropa apresenta arma, e o comandante faz a continência individual; os compromitentes, olhos fitos na Bandeira Nacional, depois de abaterem espadas, prestam, em voz alta e pausada, o seguinte compromisso:

> "PERANTE A BANDEIRA DO BRASIL E PELA MINHA HONRA, PROMETO CUMPRIR OS DEVERES DE OFICIAL DA MARINHA DO BRASIL (EXÉRCITO BRASILEIRO OU AERONÁUTICA BRASILEIRA) E DEDICAR-ME INTEIRAMENTE AO SERVIÇO DA PÁTRIA"; e

VI – findo o compromisso, a comando, a tropa executa "Descansar Arma"; o comandante e os compromitentes volvem-se de maneira a se defrontarem; os compromitentes perfilam espadas, colocam-nas na bainha e fazem a continência.

Art. 180. Se, em uma mesma Organização Militar, prestarem compromisso mais de dez oficiais recém-promovidos, o compromisso se realiza coletivamente.

Art. 181. Se o oficial promovido servir em Estabelecimento ou Repartição, este compromisso é prestado no gabinete do diretor ou chefe e assistido por todos os oficiais que ali servem, revestindo-se a solenidade das mesmas formalidades previstas no art. 178 deste Regulamento.

Art. 182. O compromisso de declaração a Guarda-Marinha e Aspirante-a-Oficial é prestado nas Escolas de Formação, sendo o cerimonial realizado de acordo com os regulamentos daqueles órgãos de ensino.

Capítulo V – Das Passagens de Comando, Chefia ou Direção

Art. 183. Os oficiais designados para o exercício de qualquer Comando, Chefia ou Direção são recebidos de acordo com as formalidades especificadas no presente Capítulo.

Art. 184. A data da transmissão do cargo de Comando, Chefia ou Direção é determinada pelo Comando imediatamente superior.

Art. 185. Cada Força Armada, obedecidas as regras gerais deste Regulamento, deve estabelecer os detalhes das cerimônias de passagem de Comando, Chefia ou Direção, segundo suas conveniências e peculiaridades, podendo acrescentar as normas que o uso e a tradição já consagraram, atendendo, no que couber, às determinações abaixo:

I – leitura dos documentos oficiais de nomeação e de exoneração;

II – transmissão de cargo; nessa ocasião, os oficiais, nomeado e exonerado, postados lado a lado, frente à tropa e perante a autoridade que preside a cerimônia, proferem as seguintes palavras:

a) o substituído: "Entrego o Comando (Chefia ou Direção) da (Organização Militar) ao Exmo. Sr. (Posto e nome)"; e

b) o substituto: "Assumo o Comando (Chefia ou Direção) da (Organização Militar)";

III – apresentação dos comandantes, chefes ou diretores, substituto e substituído, à autoridade que preside a solenidade;

IV – leitura do "*Curriculum Vitae*" do novo comandante, chefe ou diretor;

V – palavras de despedida do oficial substituído; e

VI – desfile da tropa em continência ao novo comandante, chefe ou diretor.

§ 1º. Nas passagens de Comando de Organizações Militares, são também observadas as seguintes normas:

I – os comandantes, substituto e substituído, estão armados de espada;

II – após a transmissão do cargo, leitura do "*Curriculum Vitae*" e das palavras de despedida, o comandante exonerado acompanha o novo comandante na revista passada por este à tropa, ao som de uma marcha militar executada pela banda de música.

§ 2º. Em caso de mau tempo, a solenidade desenvolve-se em salão ou gabinete, quando é seguida, tanto quanto possível, a sequência dos eventos constantes neste artigo, com as adaptações necessárias.

§ 3º. O uso da palavra pelo novo comandante, chefe ou diretor, deve ser regulado pelo Comandante de cada Força Armada.

§ 4º. Em qualquer caso, o uso da palavra é feito de modo sucinto e conciso, não devendo conter qualquer referência à demonstração de valores a cargo da Organização Militar, referências elogiosas individuais acaso concedidas aos subordinados ou outros assuntos relativos a campos que não constituam os especificamente atribuídos a sua área.

§ 5º. Faz-se a apresentação dos oficiais ao novo comandante no Salão de Honra, em ato restrito, podendo ser realizada antes mesmo da passagem do comando ou após a retirada dos convidados.

Capítulo VI – Das Recepções a Despedidas de Militares

Art. 186. Todo oficial incluído numa Organização Militar é, antes de assumir as funções, apresentado a todos os outros oficiais em serviço nessa organização, reunidos para isso em local adequado.

Art. 187. As despedidas dos oficiais que se desligam das Organizações Militares são feitas sempre, salvo caso de urgência, na presença do comandante, chefe ou diretor, e em local para isso designado.

Art. 188. As homenagens de despedida de oficiais e praças com mais de trinta anos de serviço, ao deixarem o serviço ativo, devem ser reguladas pelo Comandante de cada Força Armada.

Capítulo VII – Das Condecorações

Art. 189. A cerimônia para entrega de condecorações é realizada numa data festiva, num feriado nacional ou em dia previamente designado pelo Comandante e, em princípio, na presença de tropa armada.

Art. 190. A solenidade para entrega de condecorações, quando realizada em cerimônia interna, é sempre presidida pelo comandante, chefe ou diretor da Organização Militar onde serve o militar agraciado.

Parágrafo único. No caso de ser agraciado o próprio comandante, chefe ou diretor da Organização Militar considerada, a presidência da solenidade cabe à autoridade superior a quem está imediatamente subordinado, ou a oficial da reserva, de patente superior à do agraciado, por este escolhido.

Art. 191. Quando entre os agraciados há oficial-general e a cerimônia tem lugar na Capital Federal, a entrega de condecorações é presidida pelo Comandante ou pelo Chefe do Estado-Maior da Força a que couber a iniciativa da solenidade, sendo realizada na presença de tropa armada.

Art. 192. O efetivo da tropa a formar na solenidade de entrega de condecorações deve corresponder ao escalão de comando do militar de maior hierarquia, não sendo nunca inferior a um pelotão de fuzileiros ou equivalente; tem sempre presente a Bandeira Nacional e banda de corneteiros ou clarins e tambores e, quando a unidade dispuser, banda de música.

Art. 193. Nas Organizações Militares que não disponham de tropa, a entrega é feita na presença de todo o pessoal que ali serve, observando as determinações aplicáveis dos artigos 189 a 192 deste Regulamento.

Art. 194. Quando o agraciado for o Ministro de Estado da Defesa ou o Comandante de uma das Forças Armadas, o cerimonial da entrega pode ser realizado em Palácio da Presidência da República, servindo de paraninfo o Presidente da República, e obedece às instruções especiais elaboradas pelo Cerimonial da Presidência da República.

Art. 195. O cerimonial de entrega de medalha obedece, no que couber, às seguintes regras:

I – posta a tropa em uma das formações em linha, sai de forma a Bandeira Nacional, sem sua guarda, à ordem da autoridade que preside a cerimônia, e coloca-se a trinta passos defronte do centro da tropa;

II – entre a tropa e a Bandeira Nacional, frente para esta, colocam-se, em uma fileira, por ordem hierárquica e agrupados por círculos, os oficiais e praças a serem agraciados, armados, exceto as praças, e sem portar suas medalhas e condecorações;

III – os oficiais presentes à cerimônia formam em ordem hierárquica, grupados por círculos, em uma ou mais fileiras, à direita da Bandeira Nacional;

IV – a autoridade que preside a solenidade, colocada a dez passos diante da Bandeira Nacional e de frente para esta, manda que o Comandante da tropa dê a voz de "Sentido"; os agraciados, quando oficiais, desembainham e perfilam espada e, se praças, permanecem na posição de sentido; e

V – com a tropa nesta posição a autoridade dá início à solenidade, em relação a cada uma das fileiras de solenidade, procedendo-se agraciados da seguinte forma:

a) paraninfos previamente designados, um para cada fileira, colocam-se à direita dos agraciados; dada a ordem para o início da entrega, os agraciados, quando oficiais, ao defrontarem os paraninfos, abatem as espadas, ou fazem a continência individual, quando praças;

b) o paraninfo, depois de responder àquela saudação com a continência individual, coloca a medalha ou condecoração no peito dos agraciados de sua fileira; os agraciados permanecem com a espada abatida, ou executando a continência individual, até que o paraninfo tenha terminado de colocá-la em seu peito, quando retornam à posição de "Perfilar-Espada" ou desfazem a continência individual;

c) terminada a entrega de medalhas ou condecorações, ao comando de "Em Continência à Bandeira, Apresentar Arma", paraninfos e agraciados abatem espadas ou fazem a continência individual;

d) as bandas de música ou de corneteiros ou clarins e tambores tocam, conforme o posto mais elevado entre os agraciados, os compassos de um dobrado;

e) terminada esta continência paraninfos e agraciados, com espadas embainhadas, retornam aos seus lugares;

f) a Bandeira Nacional volta ao seu lugar na tropa, e os possuidores de medalhas ou condecorações, que tinham saído de forma para se postarem à direita da Bandeira, voltam também para seus lugares, a fim de ser realizado o desfile em honra da autoridade que presidiu a cerimônia e dos agraciados; e

g) os paraninfos, tendo a cinco passos à esquerda, e no mesmo alinhamento, os agraciados, e, à retaguarda, os demais oficiais presentes, assistem ao desfile da tropa, o que encerra a solenidade.

Art. 196. Quando somente praças tiverem que receber medalhas ou condecorações, o paraninfo é o comandante da subunidade a que elas pertencerem ou o comandante da Organização Militar, quando pertencerem a mais de uma subunidade.

Art. 197. A Bandeira Nacional, ao ser agraciada com a Ordem do Mérito, recebe a condecoração em solenidade, nos dias estabelecidos pelas respectivas Forças Singulares e o cerimonial obedece ao seguinte procedimento:

I – quando o dispositivo estiver pronto, de acordo com o art. 194 deste Regulamento, é determinado por toque de corneta para a Bandeira avançar;

II – a Bandeira, conduzida pelo seu Porta-Bandeira e acompanhada pelo comandante da Organização Militar a que pertence, coloca-se à esquerda da Bandeira Nacional incorporada, conforme o dispositivo;

III – ao ser anunciado o início da entrega da condecoração, o comandante desembainha a espada e fica na posição de descansar; e o corneteiro executa "Sentido" e "Ombro Arma" e, ao toque de "Ombro Arma", o Porta-Bandeira desfralda a Bandeira Nacional, e o comandante da Organização Militar perfila espada; e

IV – o Grão-Mestre, ou no seu impedimento o Chanceler da Ordem, é convidado a agraciar a Bandeira e, quando aquela autoridade estiver a cinco passos da Bandeira, o Comandante da Organização Militar abate espada, e o Porta-Bandeira dá ao pavilhão uma inclinação que permita a colocação da insígnia e, após a aposição da insígnia, o Comandante da Organização Militar e a Bandeira voltam à posição de "Ombro Arma", retiram-se do dispositivo e tem prosseguimento a solenidade.

Parágrafo único. Na condecoração de estandarte, são obedecidas, no que couber, as determinações deste artigo.

Capítulo VIII – Das Guardas dos Quartéis e Estabelecimentos Militares

Seção I – Da Substituição das Guardas

Art. 198. Na substituição das guardas, além do que estabelecem os Regulamentos ou Normas específicas de cada Força Armada, é observado o seguinte:

I – logo que a Sentinela das Armas der o sinal de aproximação da Guarda que vem substituir a que está de serviço, esta entra em forma e, na posição de "Sentido", aguarda a chegada daquela;

II – a Guarda que chega coloca-se à esquerda, ou em frente, se o local permitir, da que vai substituir, e seu Comandante comanda: "Sem Intervalos, Pela Direita (Esquerda) Perfilar" e, depois "Firme"; em seguida comanda: "Em Continência, Apresentar Arma"; feito o manejo de armas correspondente, o Comandante da Guarda que sai corresponde à saudação, comandando "A-presentar Arma" e, a seguir, "Descansar Arma", no que é seguido pelo outro Comandante;

III – finda esta parte do cerimonial, os Comandantes da Guarda que entra e da que sai dirigem-se um ao encontro do outro, arma na posição correspondente à de "Ombro Arma", fazem alto, à distância de dois passos, e, sem descansar a arma, apresentam-se sucessivamente; e

IV – a seguir, realiza-se a transmissão de ordens e instruções relativas ao serviço.

Seção II – Da Substituição das Sentinelas

Art. 199. São as seguintes as determinações a serem observadas quando da rendição das sentinelas:

I – o Cabo da Guarda forma de baioneta armada; os soldados que entram de sentinela formam em "coluna por um" ou "por dois", na ordem de rendição, de maneira que a Sentinela das Armas seja a última a ser substituída, no "passo ordinário", o Cabo da Guarda conduz os seus homens até a altura do primeiro posto a ser substituído;

II – ao se aproximar a tropa, a sentinela a ser substituída toma a posição de "Sentido" e faz "Ombro Arma", ficando nessa posição;

III – à distância de dez passos do posto, o Cabo da Guarda comanda "Alto!" e dá a ordem: "Avance Sentinela Número Tal!";

IV – a sentinela chamada avança no passo ordinário, arma na posição de "Ombro Arma" e, à ordem do Cabo, faz "Alto!" a dois passos da sentinela a ser substituída;

V – a seguir, o Cabo comanda "Cruzar Arma!" o que é executado pelas duas sentinelas, fazendo se, então, sob a fiscalização do Cabo, que se conserva em "Ombro Arma", e à voz de "Passar-Ordens!", a transmissão das ordens e instruções particulares relativas ao posto; e

VI – cumprida esta determinação, o Cabo dá o comando de "Ombro Arma!" e ordena à sentinela substituída: "Entre em Forma!", esta coloca-se à retaguarda do último homem da coluna, ao mesmo tempo que a nova sentinela toma posição no seu posto, permanecendo em "Ombro Arma" até que a Guarda se afaste.

TÍTULO V – DAS DISPOSIÇÕES FINAIS

Art. 200. Para eventos a que não esteja presente o Ministro de Estado da Defesa ou que não impliquem participação de mais de uma Força, as peculiaridades das Continências, Honras, Sinais de Respeito e do Cerimonial Militar podem ser reguladas em cerimonial específico de cada Força Armada.

Art. 201. Os casos omissos serão solucionados pelo Ministro de Estado da Defesa, assessorado pelo Chefe do Estado-Maior de Defesa.

ANEXO II – DOBRADURAS DA BANDEIRA NACIONAL

(art. 126, § 2º, do Regulamento)

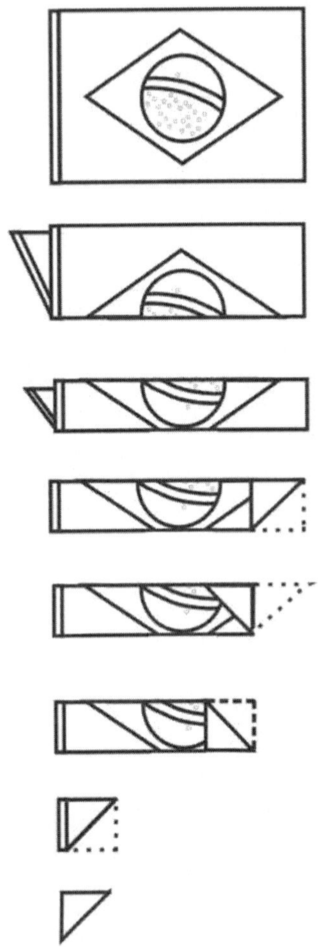

PORTARIA Nº 137, DE 8 DE SETEMBRO DE 1995

CASA MILITAR

Aprova as Normas sobre a Participação de Autoridades Militares nas Recepções e Despedidas do Senhor Presidente da República.

O Chefe da Casa Militar da Presidência da República, no uso de suas atribuições, resolve:

Art. 1º. Aprovar as Normas sobre a Participação de Autoridades Militares nas Recepções e Despedidas do Senhor Presidente da República, que a esta acompanha.

Art. 2º. Esta Portaria entra em vigor na data de sua publicação.

General de Brigada Alberto Mendes Cardoso

Chefe da Casa Militar da Presidência da República

NORMAS SOBRE A PARTICIPAÇÃO DE AUTORIDADES MILITARES NAS RECEPÇÕES E DESPEDIDAS DO SENHOR PRESIDENTE DA REPÚBLICA

1. FINALIDADE

Por delegação, orientar a participação de Autoridades Militares nas recepções e nas despedidas do Excelentíssimo Senhor Presidente da República, por ocasião de suas viagens, observadas as Normas do Cerimonial Púbico e as do Cerimonial Militar.

2. PROCEDIMENTOS

2.1. Viagem ao Exterior

2.1.1. A Casa Militar da Presidência da República (CMPR) informará aos Gabinetes dos Ministros as datas e os horários de embarque e de desembarque. Na ausência de determinação expressa do Senhor Presidente, os Ministros Militares estão desobrigados de comparecer aos cumprimentos, não sendo necessária a presença dos Comandantes Militares de Área, a não ser que assim ordenado pelo Ministro da respectiva Força Armada.

2.2. Viagem em Território Nacional

2.2.1. Embarque e Desembarque na Base Aérea de Brasília

Dispensado o comparecimento, ressalvando-se:

a) A primeira viagem após a posse do Presidente, quando os três Comandantes Militares deverão comparecer ao embarque e ao desembarque; e

b) A primeira viagem após a troca de Comando Militar, ocasião em que será requerida a presença do novo Comandante Militar de Área apenas no embarque.

2.2.2. Desembarque e Embarque em Capital de Estado

a) Quando se tratar da sede do Comando Militar da área, a CMPR participará aos Gabinetes dos Ministros as datas e os horários de chegada e de partida do Senhor Presidente, comunicando a necessidade de os Comandantes de Área se fazerem presentes e, se for o caso, serem incorporados à Comitiva Presidencial.

b) Exceto quando previamente avisada pela CMPR, não será requerida a presença de Comandantes Militares de Área em capitais estaduais que não a da sede do Comando.

2.2.3. Desembarque e Embarque em outras cidades

a) Normalmente, não será requerida a presença dos Comandantes Militares de Área.

b) Dependendo da situação e do caráter da viagem, após entendimentos da CMPR com os Ministérios, os Comandantes mais antigos de Organizações Militares de cada Força situadas na cidade visitada integrarão a fila de cumprimentos e, se for o caso, comporão a Comitiva Presidencial.

c) Não havendo Organização Militar de alguma das Forças na cidade a ser visitada, é dispensada, a princípio, a presença de representante daquela Força.

2.3. PROCEDIMENTOS ESPECIAIS

2.3.1. É dispensada a presença de autoridades militares quando a viagem presidencial ocorrer em caráter particular.

2.3.2. Na primeira viagem presidencial à jurisdição de um Comando Militar de Área, o Comandante deverá apresentar-se ao Senhor Presidente.

2.3.3. Após a troca de Comando Militar de Área, o Comandante empossado apresentar-se-á ao Senhor Presidente quando da próxima viagem presidencial em sua jurisdição.

2.3.4. Dependendo dos horários de chegada ou de partida do Senhor Presidente, não será requerida a presença dos Comandantes Militares de Área, situação que será participada pela CMPR.

DOU de 11.9.1995

PORTARIA Nº 661/MD, DE 19 DE MAIO DE 2009

Subdelega competência aos Comandantes da Marinha, do Exército e da Aeronáutica.

O Ministro de Estado da Defesa, no exercício da competência delegada pelo Decreto nº 6.806, de 25 de março de 2009, e tendo em vista o disposto no art. 12 da Lei nº 9.784, de 29 de janeiro de 1999, e observado o disposto no Regulamento aprovado pela Portaria nº 660, de 19 de maio de 2009, resolve:

Art. 1º. Subdelegar aos Comandantes da Marinha, do Exército e da Aeronáutica competência para aprovarem as Normas de Cerimonial, respectivamente, do Comando da Marinha, do Comando do Exército e do Comando da Aeronáutica.

Art. 2º. Esta Portaria entra em vigor na data de sua publicação.

Nelson A. Jobim

DOU de 21.5.2009

Cerimonial Público do Estado de São Paulo

Cerimonial Público do Estado de São Paulo

DECRETO Nº 11.074, DE 5 DE JANEIRO DE 1978

Aprova as Normas do Cerimonial Público do Estado de São Paulo.

Paulo Egydio Martins, Governador do Estado de São Paulo, no uso de suas atribuições e,

Considerando a necessidade de atualizar as normas do Cerimonial Público do Estado de São Paulo, harmonizando-as, no que couber, com as estabelecidas, no âmbito nacional, pelo Decreto Federal nº 70.274, de 9 de março de 1972,

Decreta:

Art. 1º. Ficam aprovadas as Normas do Cerimonial Público Estadual, com o seu único anexo, apenso ao presente decreto, as quais deverão ser observadas nas solenidades oficiais que se realizarem no Estado de São Paulo.

Art. 2º. Este Decreto entrará em vigor na data de sua publicação.

Palácio dos Bandeirantes, 5 de janeiro de 1978.

Paulo Egydio Martins

DOE de 5.1.1978

DAS NORMAS DO CERIMONIAL PÚBLICO ESTADUAL

SEÇÃO I – DA PRECEDÊNCIA

Art. 1º. Dentro dos limites do território paulista, o Governador do Estado terá sempre a precedência sobre as demais autoridades federais, estaduais e municipais.

Art. 2º. Nas cerimônias de caráter essencialmente militar será observado o respectivo cerimonial.

Art. 3º. Nas solenidades oficiais que se realizem em território estadual, será observada a Ordem Geral de Precedência que consta do Decreto Federal nº 70.274, de 9 de março de 1972, ou de outro diploma legal que de futuro vier a substituí-lo.

Art. 4º. O Governador do Estado presidirá sempre às cerimônias a que comparecer, salvo às dos Poderes Legislativo e Judiciário e às de caráter exclusivamente militar, nas quais será observado o respectivo cerimonial.

§ 1º. Sempre que o Governador for convidado para as cerimônias militares, ser-lhe-á dado o lugar de honra.

§ 2º. No Estado de São Paulo, o Governador e o Vice-Governador, o Presidente da Assembleia Legislativa e o Presidente do Tribunal de Justiça terão, nessa ordem, precedência sobre as autoridades federais; tal determinação não se aplica, porém, aos Presidentes do Congresso Nacional, da Câmara dos Deputados e do Supremo Tribunal Federal, aos Ministros de Estado, aos Chefes dos Gabinetes Militar e Civil da Presidência da República, ao Chefe do Serviço Nacional de Informações, ao Chefe do Estado Maior das Forças Armadas e ao Consultor Geral da República, que passarão logo após o Governador.

§ 3º. Os antigos Governadores do Estado passarão logo após o Presidente do Tribunal de Justiça, desde que não exerçam qualquer função pública, observando-se também a determinação mencionada no parágrafo anterior.

§ 4º. Na ausência do Governador do Estado, o Vice-Governador presidirá às cerimônias a que estiver presente.

§ 5º. Os antigos Vice-Governadores de Estado passarão logo após os antigos Governadores, com a ressalva prevista no § 2º deste artigo.

Art. 5º. Os Secretários de Estado presidirão às solenidades promovidas pelas respectivas Secretarias.

§ 1º. A precedência entre os Secretários de Estado, ainda que interinos, determinada pelo critério histórico da criação ou desdobramento da respectiva Secretaria, na seguinte ordem:

1. Justiça
2. Fazenda
3. Agricultura
4. Obras e Meio Ambiente
5. Transportes
6. Educação
7. Saúde
8. Segurança Pública
9. Promoção Social
10. Cultura, Ciência e Tecnologia
11. Esportes e Turismo
12. Relações do Trabalho
13. Administração

14. Economia e Planejamento
15. Interior
16. Casa Civil
17. Governo
18. Negócios Metropolitanos

§ 2º. A precedência entre os diferentes postos e cargos da mesma categoria corresponde à ordem de precedência das respectivas Secretarias.

Art. 6º. Nos municípios, o Prefeito presidirá às solenidades municipais.

Art. 7º. Em igualdade de categoria, a precedência, em cerimônias de caráter estadual, será a seguinte:

I – As autoridades estrangeiras; e

II – As autoridades e funcionários federais, estaduais e municipais.

Parágrafo único. Os inativos passarão logo após os funcionários em serviço ativo de igual categoria.

Art. 8º. Quando um militar exercer função administrativa civil e comparecer fardado a qualquer cerimônia, será observada a precedência de patente prevista no artigo competente do Estatuto dos Militares.

Art. 9º. Os Cardeais da Igreja Católica, como eventuais sucessores do Papa, têm situação correspondente à dos Príncipes herdeiros.

Art. 10. Ao determinar a colocação na ordem geral de precedência de personalidades nacionais e estrangeiras sem função oficial, o Chefe do Cerimonial levará em consideração a posição social e idade das mesmas, bem como cargos ou funções que ocupem ou hajam desempenhado, ou, se for o caso, a posição que as situa na hierarquia eclesiástica.

Parágrafo único. O Chefe do Cerimonial poderá intercalar diplomatas, agentes consulares e personalidades estrangeiros entre as altas autoridades federais, estaduais e municipais.

Art. 11. Os casos omissos serão resolvidos pelo Chefe do Cerimonial, o qual, quando solicitado, prestará esclarecimentos de natureza protocolar.

Art. 12. A precedência entre os Chefes dos Executivos nos Estados da União e Territórios Federais será regulada pela data da respectiva posse, cabendo, porém, a prioridade ao Chefe do Executivo local dentro dos limites do respectivo território.

Art. 13. A precedência entre os componentes de missões especiais estrangeiras em visita oficial ao Estado será dada pelo chefe da Missão residente, desde que sobre a matéria não haja decisão do Governo Federal.

DA REPRESENTAÇÃO

Art. 14. Em almoços e jantares, nenhum convidado poderá fazer-se representar.

Art. 15. Quando o Governador do Estado se fizer representar em solenidades ou cerimônias, o seu representante será colocado à direita da autoridade que a elas presidir.

§1º. Do mesmo modo, os representantes dos Poderes Legislativo e Judiciário, quando membros dos referidos Poderes, terão a colocação que compete aos respectivos Presidentes.

§ 2º. Nenhum convidado poderá fazer-se representar nas cerimônias oficiais a que comparecer o Governador do Estado.

§ 3º. Nas solenidades oficiais, os representantes das autoridades civis ou militares terão a precedência que lhes competir por força dos seus postos ou funções e não a que caberia aos representados.

Art. 16. Em cerimônias oficiais em que autoridades estaduais fizerem uso da palavra, a ordem dos discursos seguirá a ordem inversa de precedência dos respectivos oradores, isto é, usará da palavra, em primeiro lugar, a autoridade de menor hierarquia e, subsequentemente, os demais oradores até o de precedência mais alta, cabendo ao Governador encerrar a solenidade, se a ela estiver presente.

Parágrafo único. O Governador não está protocolarmente obrigado a nomear individualmente, no vocativo dos discursos que proferir, as demais autoridades participantes das cerimônias oficiais a que ele presidir, salvo o Presidente e o Vice-Presidente da República, se estes às mesmas estiverem presentes.

SEÇÃO II – DO HINO NACIONAL

Art. 17. A execução do Hino Nacional obedecerá à legislação federal e, nas cerimônias presididas pelo Governador do Estado, só terá início depois que este houver ocupado o lugar que lhe estiver reservado.

Parágrafo único. Nas solenidades sujeitas a regulamentos especiais, será observado o respectivo cerimonial.

DA BANDEIRA NACIONAL E DA ESTADUAL

Art. 18. A bandeira nacional, com observância da legislação federal pertinente, e a bandeira estadual de São Paulo poderão ser usadas em todas as manifestações do sentimento patriótico dos brasileiros de caráter oficial ou particular.

§ 1º. A bandeira estadual será usada com o mesmo critério da nacional, conforme dispõe este artigo.

§ 2º. Sempre que a bandeira nacional e a paulista forem hasteadas uma ao lado da outra, observar-se-á o cerimonial previsto na legislação federal que rege o uso da primeira.

§ 3º. Poderá a bandeira estadual ser apresentada:

1. Hasteada em mastro ou adriças, nos edifícios públicos ou particulares, templos, campos de esporte, escritórios, salas de aula, auditórios, embarcações, ruas e praças, em qualquer lugar em que lhe seja assegurado o devido respeito; quando hasteada em mastro colocado no solo, sua largura não deve ser maior que 1/5 (um quinto) nem menor que 1/7 (um sétimo) da altura do respectivo mastro;

2. Distendida e sem mastro, conduzida por aeronaves ou balões, aplicada sobre paredes ou presa a um cabo horizontal ligando edifícios, árvores, postes ou mastros;

3. Reproduzida sobre paredes, tetos, vidraças, veículos e aeronaves;

4. Compondo, com outras bandeiras, panóplias; escudos ou peças semelhantes;

5. Conduzida em formaturas, desfiles ou mesmo individualmente;

6. Distendida sobre ataúde, até o momento do sepultamento.

§ 4º. Hasteia-se diariamente a bandeira paulista:

1. Nos Palácios do Governo do Estado;

2. Nos edifícios-sede das Secretarias de Estado;

3. Nos edifícios-sede dos Poderes Legislativo e Judiciário;

4. Nas Prefeituras e Câmaras Municipais;

5. Nas sedes de unidades e subunidades de corporações da Polícia Militar;

6. Hasteia-se obrigatoriamente a bandeira estadual, nos dias de gala ou de luto estaduais e nacionais, em todas as repartições públicas estaduais, nos estabelecimentos de ensino e sindicatos.

§ 5º. Nas escolas públicas estaduais obrigatório o hasteamento solene da bandeira paulista, durante o ano letivo, pelo menos uma vez por semana.

§ 6º. A bandeira estadual pode ser hasteada e arriada a qualquer hora do dia ou da noite. Normalmente faz-se o hasteamento às 8:00 horas e o arriamento às 18:00 horas. Permanecendo hasteado após o anoitecer, deverá estar o pavilhão paulista devidamente iluminado.

§ 7º. No dia 19 de novembro, Dia da Bandeira, o hasteamento realizado às 12:00 horas simultaneamente com as solenidades especiais para o hasteamento da bandeira nacional.

§ 8º. Quando em funeral, a bandeira estadual fica a meio mastro ou a meia adriça. Em todas as repartições estaduais hasteia-se a bandeira paulista em funeral quando o Governador decretar luto estadual ou quando for decretado luto nacional.

§ 9º. A bandeira estadual, quando não estiver em uso, deve ser guardada em local digno.

DO PAVILHÃO DO GOVERNADOR DO ESTADO

Art. 19. Sempre que o Chefe do Executivo Estadual se encontrar na sede do Governo do Estado, hastear-se-á o Pavilhão do Governador, criado pelo Decreto nº 18.281, de 6 de setembro de 1948.

Parágrafo único. O pavilhão do Governador será igualmente hasteado:

1. Nas repartições estaduais, sempre que o Governador do Estado a elas comparecer; e

2. Nos locais, dentro do território estadual, onde estiver residindo o Governador do Estado.

DA REVISTA À POLÍCIA MILITAR DO ESTADO

Art. 20. No dia 15 de dezembro, o Governador do Estado passará revista a destacamento da Polícia Militar. Tendo à sua esquerda o Secretário da Segurança Pública e, em frente, o Chefe da Casa Militar e o Comandante Geral da Polícia Militar, Sua Excelência se dirigirá em carro do Estado, acompanhado de escolta de polícia montada, ao local onde se efetuar a revista.

Parágrafo único. A revista processar-se-á, de preferência, no período da manhã e, salvo outra determinação, o traje será escuro, de passeio, para os civis, e o correspondente para os militares.

DOS DESFILES

Art. 21. Por ocasião dos desfiles, o Governador do Estado terá próximos de si o Secretário de Estado de quem dependam as corporações militares, ou corporações civis de qualquer natureza, que desfilam, e o Chefe da Casa Militar.

SEÇÃO III – DA POSSE DO GOVERNADOR DO ESTADO

Art. 22. O Governador do Estado, eleito, tendo à sua esquerda o Vice-Governador e, em frente, o Secretário de Estado-Chefe da Casa Civil e o Chefe da Casa Militar da administração finda, dirigir-se-á, em carro do Estado, escoltado por lanceiros do Regimento de Cavalaria da Polícia Militar do Estado e precedido por batedores da Escolta Governamental, ao Palácio 9 de Julho, sede da Assembleia Legislativa, a fim de prestar o compromisso constitucional.

Art. 23. Competindo à Assembleia Legislativa, em obediência a legislação pertinente, organizar e executar a cerimônia do compromisso constitucional, o Chefe do Cerimonial do Governo do Estado aguardará o recebimento, com a devida antecedência, de informações que o Chefe do Cerimonial da Assembleia Legislativa houver por bem fornecer-lhe sobre a cerimônia em apreço, bem como sobre a participação na mesma de autoridades nacionais, do Corpo consular e de outras autoridades estrangeiras.

Art. 24. Terminada a solenidade de que trata o artigo 23, o Governador do Estado, com os mesmos acompanhantes, dirigir-se-á ao Palácio do Governo.

Art. 25. Aguardarão a chegada de Sua Excelência, à porta principal do Palácio, o Governador e o Vice-Governador cujos mandatos findaram, em companhia dos integrantes do antigo Secretariado; estarão igualmente presentes os componentes do Secretariado e o Chefe da Casa Militar já designados.

Art. 26. Após a troca de cumprimentos, ambos os Governadores, acompanhados pelos Vice-Governadores, Secretários-Chefes da Casa Civil e Chefes da Casa Militar, encaminhar-se-ão ao Gabinete do Governador e daí, quando todas as demais autoridades já houverem ocupado seus respectivos lugares, dirigir-se-ão ao recinto onde o novo Chefe do Executivo receberá de seu antecessor o cargo de Governador do Estado.

Art. 27. Terminada a cerimônia, o Governador conduzirá o ex-Governador até à porta principal do Palácio do Governo.

Art. 28. Feitas as despedidas, o ex-Governador será acompanhado até a sua residência, ou ponto de embarque, pelo Vice-Governador do Estado e pelo Chefe da Casa Militar do Governo empossado.

Art. 29. As esposas dos Governadores e Vice-Governadores poderão acompanhar os respectivos maridos nos atos previstos nos artigos 26, 27, 28 e 29 destas Normas.

Art. 30. Caberá ao Chefe do Cerimonial planejar e executar as cerimônias de transmissão do cargo de Governador.

Art. 31. O Governador do Estado comunicará imediatamente sua posse às seguintes autoridades: Presidente da República, Vice-Presidente da República, Presidente do Senado, Presidente da Câmara dos Deputados, Presidente do Supremo Tribunal Federal e Governadores dos demais Estados e dos Territórios da União.

DAS RECEPÇÕES

Art. 32. Logo após haver tomado posse e assinado os decretos de nomeação dos novos Secretários de Estado e do Chefe da Casa Militar, o Governador receberá os cumprimentos das autoridades civis, militares e eclesiásticas.

Art. 33. No mesmo dia, o Governador do Estado receberá, em audiência solene, os Chefes de Missões diplomáticas que houverem comparecido à sua posse e o Corpo consular de São Paulo.

Art. 34. À noite, o Governador receberá, no Palácio do Governo, os membros do Corpo consular, altas autoridades nacionais e estrangeiras, e outras personalidades.

DO TRAJE

Art. 35. O traje a ser usado nas cerimônias estaduais será estabelecido pelo Chefe do Cerimonial, após consulta ao Governador do Estado

DAS HONRAS MILITARES

Art. 36. Para prestar as honras do estilo ao novo Chefe do Executivo Estadual, formará em frente ao edifício da Assembleia Legislativa e ao Palácio do Governo tropa de guarnição estadual.

Parágrafo único. O Chefe da Casa Militar providenciará, após consulta ao novo Governador, as honras militares a serem a este prestadas no Palácio do Governo.

DA TRANSMISSÃO TEMPORÁRIA DO PODER

Art. 37. Na transmissão temporária do poder, por impedimento do Governador, de conformidade com a Constituição do Estado, observar-se-á o cerimonial que for acordado pelo Chefe do Executivo e seu substituto.

DA NOMEAÇÃO DOS SECRETÁRIOS DE ESTADO E DO CHEFE DA CASA MILITAR

Art. 38. Logo após ter tomado posse e apresentado despedidas ao ex-Chefe do Executivo Estadual, o Governador assinará os decretos de nomeação dos novos Secretários de Estado e do Chefe da Casa Militar.

§ 1º. O primeiro decreto de nomeação a ser assinado será o do Secretário de Estado da Justiça, a quem caberá referendar os decretos de nomeação dos demais Secretários e do Chefe da Casa Militar.

§ 2º. As cerimônias de transmissão de cargos de Secretários de Estado e do Chefe da Casa Militar ficarão a critério do Governador.

Art. 39. Antes de decorrido um mês de sua posse, os Secretários de Estado e o Chefe da Casa Militar visitarão pessoalmente o Vice-Governador, os Presidentes da Assembleia Legislativa e do Tribunal de Justiça, os Oficiais Generais Comandantes de Área do Estado de São Paulo e o Prefeito da Capital, assim como os Cônsules Gerais de carreira nesta sediados.

Parágrafo único. Dentro do mesmo período, os Secretários de Estado deixarão cartões ao Comandante da Polícia Militar e ao Delegado Geral de Polícia; os Secretários de Estado e o Chefe da Casa Militar deixarão, também, cartões aos demais Cônsules estrangeiros residentes na Capital.

SEÇÃO IV
DAS VISITAS DO GOVERNADOR DO ESTADO E DO SEU COMPARECIMENTO A SOLENIDADES OFICIAIS

Art. 40. O Chefe do Poder Executivo Estadual não faz nem retribui visitas de caráter oficial, exceto as que faça ou retribua ao Presidente e ao Vice-Presidente da República, bem como aos Soberanos, Chefes de Estado estrangeiros, Cardeais e príncipes herdeiros.

Art. 41. Quando o Governador do Estado comparecer, em caráter oficial, a festas e solenidades, ou fizer qualquer visita, o programa de tais eventos será submetido à sua prévia aprovação pelo Chefe do Cerimonial do Governo do Estado.

Art. 42. Quando o Governador visitar oficialmente cidades de seu Estado, competirá ao Cerimonial, em entendimento com as autoridades locais, coordenar a respectiva programação e submetê-la à aprovação prévia do Chefe do Executivo Estadual.

Art. 43. Caberá ao Cerimonial do Governo do Estado, em cooperação com o Cerimonial do Ministério das Relações Exteriores, elaborar e coordenar a programação de visita do Governador ao estrangeiro, bem como a efetivação da mesma.

Art. 44. Quando o Governador do Estado comparecer a festas ou solenidades públicas ou fizer visitas oficiais, os pormenores lhe serão submetidos, para sua prévia aprovação, pela Secretaria do Governo, pela Casa Militar ou pelo Cerimonial, conforme o caso.

Parágrafo único. Tal prática deve ser igualmente observada no tocante a discursos que devam ser pronunciados na presença do Governador.

Art. 45. Quando se ausentar do Palácio, o Governador do Estado sairá, em regra, acompanhado do Ajudante de Ordens. Além deste, acompanhará o Governador do Estado, quando para tal fim receber determinação expressa, qualquer outro membro do Governo.

§ 1º. A alto funcionário da Casa Civil ou da Secretaria do Governo caberá acompanhar o Governador do Estado nas solenidades de caráter civil.

§ 2º. A alto funcionário do Cerimonial e da Casa Militar caberá acompanhá-lo nas solenidades de grande etiqueta.

DAS AUDIÊNCIAS

Art. 46. Os pedidos de audiências para os Chefes de Representação consular e outras personalidades estrangeiras serão feitos pelas respectivas Representações ao Governador do Estado através do Cerimonial estadual.

Art. 47. No dia 7 de setembro, o Chefe de Cerimonial do Governo, acompanhado do Chefe do Gabinete da Casa Militar e do Subchefe do Cerimonial, receberá os Chefes de Representação consular que desejarem deixar registrados, no livro para tal fim existente, cumprimentos ao Governador do Estado.

Parágrafo único. O Subchefe do Cerimonial notificará, com antecedência, as Representações consulares do horário que houver sido fixado para tal ato.

SEÇÃO V – DAS VISITAS OFICIAIS DE AUTORIDADES

Art. 48. As autoridades especificadas no Cerimonial militar só terão direito a honras militares quando visitarem o Estado em caráter oficial

Parágrafo único. Em quaisquer outras circunstâncias, a autoridades e pessoas gradas poderão ser prestadas as honras militares que o Governador Do Estado houver por bem determinar.

DAS VISITAS OFICIAIS DO PRESIDENTE E DO VICE-PRESIDENTE DA REPÚBLICA

Art. 49. Quando o Presidente da República e o Vice-Presidente da República estiverem em visita oficial ao Estado, será observado o cerimonial constante do decreto federal no 70.274, de 9 de março de 1972, Seção IV, artigos de 59 a 61 e 63, ou o que constar de nova legislação federal que eventualmente vier a regular a matéria.

DAS VISITAS OFICIAIS DO MINISTROS DE ESTADO

Art. 50. Quando um Ministro de Estado vier em visita oficial ao Estado, será recebido, sempre que possível, no ponto de desembarque ou à entrada em território paulista, pelo Secretário de Estado cuja pasta seja afim à do visitante, dando-se o mesmo na partida.

§ 1º. O Ministro de Estado será informado, com a devida antecedência, do dia e hora da audiência em que será recebido pelo Governador do Estado, e será aguardado na hora aprazada, à porta principal do Palácio, pelo Chefe da Casa Militar e por alto funcionário do Cerimonial.

§ 2º. Além das deferências constantes do artigo 50, o Ministro de Estado, quando da primeira visita oficial ao Estado, terá à sua disposição um oficial da Polícia Militar, um carro do Estado e escolta de três batedores.

§ 3º. Durante as visitas que à primeira e oficial se seguirem, o Ministro visitante disporá de carro a ele cedido pela representação do Ministério respectivo no Estado ou, na falta de tal representação, por carro posto à sua disposição pela Secretaria do Governo, mediante requisição da Secretaria que o houver recebido, acompanhado, num caso ou noutro, por escolta de batedores durante toda a sua permanência se assim o desejar.

DAS VISITAS OFICIAIS DE GOVERNADORES DE ESTADO

Art. 51. Quando o Governador de outro Estado vier em visita oficial a São Paulo, será recebido, no ponto de desembarque ou à entrada em território paulista, por um representante pessoal do Governador do Estado e pelo Chefe da Casa Militar do Governo, acompanhados de alto funcionário do Cerimonial, observando-se na partida, o mesmo cerimonial.

§ 1º. Durante a permanência, em território paulista, do Governador visitante, terá ele à sua disposição um oficial da Polícia Militar, um carro do Estado e escolta de batedores.

§ 2º. Quando o Governador visitante for recebido pelo Governador do Estado, será aguardado, à porta principal do Palácio, pelo Chefe da Casa Militar, bem como pelo Chefe e por outros funcionários do Cerimonial.

DAS VISITAS OFICIAIS DE CHEFES DE MISSÃO DIPLOMÁTICA ESTRANGEIRA

Art. 52. Os pedidos de audiência com o Governador do Estado para Chefes de Missão diplomática estrangeira acreditados junto ao Governo brasileiro, em visita oficial a São Paulo, serão sempre encaminhados pelo Ministro das Relações Exteriores ao Governador do Estado, para aprovação prévia deste último; caberá ao Chefe do Executivo Estadual fixar hora e data para tais audiências e delas dar conhecimento prévio ao Ministro das Relações Exteriores e ao Cerimonial do Governo do Estado.

§ 1º. A programação das visitas oficiais, ao Estado, de Chefes de Missão diplomática e outras autoridades estrangeiras deverá ser elaborada pelo Cerimonial, que lhe acompanhará a execução.

§ 2º. O cerimonial providenciará a programação de visitas protocolares, entre outras possíveis, a todas as seguintes autoridades ou a algumas delas: o Governador, o Vice-Governador, o Presidente da Assembleia Legislativa, o Presidente do Tribunal de Justiça, os Oficiais Generais Comandantes de Área em São Paulo e o Prefeito da Capital.

§ 3º. Caberá ao Cerimonial providenciar junto às autoridades competentes as medidas necessárias a garantir a segurança do visitante estrangeiro durante a sua permanência no Estado.

§ 4º. Quando da primeira visita oficial de Chefe de Missão diplomática estrangeira ao Estado, serão observadas as seguintes normas:

1. O Chefe da Missão diplomática será aguardado, no aeroporto ou estação de desembarque, por alto funcionário civil do Cerimonial, que lhe dará as boas vindas em nome do Governador, e pelo assistente militar do Cerimonial;

2. Disporá o visitante de carro do Estado, que ficará a sua disposição durante a sua permanência no Estado;

3. Um oficial da Polícia Militar, familiarizado, de preferência, com o idioma do visitante, atuará como seu ajudante de ordens e acompanhará sempre o dignitário estrangeiro, a menos que seja por este dispensado;

4. O visitante terá também à sua disposição uma escolta de, no mínimo, três batedores, durante a sua permanência no Estado;

5. A visita ao Governador será imediatamente precedida de cerimônia militar em honra do Chefe da Missão diplomática, o qual, acompanhado do Cônsul do seu país em São Paulo, será recebido à entrada nobre do Palácio do Governo pelo Chefe do Cerimonial do Governo e pelo Chefe da Casa Militar do Governador, postando-se todos defronte a tropa formada, de onde ouvirão em primeiro lugar, o hino nacional do visitante e, a seguir, o hino nacional brasileiro; terminada a execução dos hinos, o visitante será convidado pelo Comandante da tropa a passar revista à mesma; finda a revista, a tropa desfilará em continência ao visitante. Após a solenidade militar, o Chefe do Cerimonial conduzirá o Embaixador ao gabinete do Governador, que o receberá em audiência protocolar, a qual não deverá ultrapassar a duração de quinze minutos. A saída, o visitante será acompanhado pelo Governador até à porta do elevador e, daí até a porta do carro, pelo Chefe do Cerimonial.

Art. 53. A visita deverá ser retribuída por cartão deixado no local onde estiver hospedado o Chefe da Missão diplomática estrangeira.

Art. 54. Quando o Chefe de Missão diplomática estrangeira se fizer acompanhar da esposa, o Cerimonial do Estado, prevenido a tempo pelo Cerimonial do Ministério das Relações Exteriores, providenciará a fixação de data e hora para a visita que ela desejar fazer à esposa do Governador, ocasião em que se fará acompanhar pela esposa do Chefe do Cerimonial.

Art. 55. A despedida do dignitário estrangeiro deverá comparecer, em nome do Governo do Estado, alto funcionário do Cerimonial.

DAS VISITAS OFICIAIS DE OUTRAS AUTORIDADES NACIONAIS OU ESTRANGEIRAS

Art. 56. O Governador do Estado se fará representar por funcionários da Casa Civil ou da Casa Militar, respectivamente, e do Cerimonial, à chegada ao Estado de membros do Congresso Nacional, e de Oficiais Generais da Marinha, do Exército ou da Aeronáutica, em missão do Governo Federal. O Subchefe da Casa Civil para Audiências e Representações submeterá à prévia aprovação do Governador do Estado data e hora para a audiência em que este receberá o visitante.

Art. 57. Os Oficiais Generais das Forças Armadas, os altos funcionários diplomáticos da República e os Comandantes de Navios de guerra nacionais surtos em portos do Estado serão recebidos pelo Chefe do Poder Executivo Estadual em audiência pedida através do Cerimonial, com a colaboração da Casa Militar, e fixada, com dois dias, pelo menos, de antecedência, pelo Subchefe da Casa Civil para Audiências e Representações, em consulta com o Governador do Estado.

Art. 58. Os Chefes de Estado e de Governo estrangeiros, Chefes de Igrejas e Príncipes herdeiros serão recebidos com honras iguais às devidas ao Presidente da República.

Art. 59. O programa da visita oficial, ao Estado de São Paulo, de Ministros de Estado estrangeiros, será elaborado pelo Cerimonial em cooperação com o Cerimonial do Ministério das Relações Exteriores aplicando-se ao caso em apreço disposições análogas às que constam do artigo 52, referentes às visitas oficiais, ao Estado, de Chefes de Missão diplomática estrangeira.

§ 1º. À sua chegada ao território paulista, o Ministro de Estado estrangeiro será aguardado por alta autoridade estadual, em nível de Secretário de Estado, como representante do Governador, e, de preferência, pelo Secretário de Estado cujas funções mais de perto se assemelhem às do visitante, bem como pelo Chefe da Casa Militar do Governador e pelo Chefe do Cerimonial.

§ 2º. À partida do visitante, as mesmas autoridades estaduais irão ao ponto de embarque apresentar-lhe cumprimentos de despedida.

§ 3º. Durante a sua estada em território paulista, o dignitário estrangeiro disporá de um oficial da Polícia Militar, como seu ajudante de ordens, que o acompanhará sempre, a menos que por ele seja dispensado, de um automóvel do Estado e de uma escolta de seis batedores.

§ 4º. Para a audiência formal com o Governador, que terá duração aproximada de quinze minutos, o visitante será aguardado, à porta principal do Palácio do Governo, pelo Chefe do Executivo Estadual, e juntos se dirigirão, em seguida, ao gabinete deste último, acompanhados pelo Chefe do Cerimonial.

§ 5º. Terminada a audiência, o Governador acompanhará o dignitário estrangeiro até à porta principal do Palácio do Governo, onde se despedirá do visitante.

§ 6º. A visita será retribuída por cartão deixado no local onde estiver hospedado o visitante.

SEÇÃO VI
DAS RELAÇÕES ENTRE AS REPRESENTAÇÕES CONSULARES ESTRANGEIRAS E AS AUTORIDADES ESTADUAIS E MUNICIPAIS

Art. 60. Após haver recebido do Ministério das Relações Exteriores na forma da lei, comunicação do reconhecimento pelo Governo Federal da designação de agente consular estrangeiro, o Governador do Estado receberá, em audiência pedida pela respectiva Representação consular através do Cerimonial do Governo estadual, a primeira visita de novos Cônsules Gerais, Cônsules e Vice-Cônsules estrangeiros sediados na Capital estadual.

§ 1º. Tal visita será retribuída, no prazo máximo de uma semana, por cartão deixado na sede da respectiva Representação consular.

§ 2º. Sendo casado, o Chefe da Representação consular pedirá, através do Cerimonial, que sejam fixados dia e hora para apresentar a Consulesa à esposa do Governador, a qual retribuirá a visita por cartão.

Art. 61. Dentro do período de uma semana a contar da data da audiência em que houver sido recebido pelo Governador do Estado, o novo Chefe de Representação consular visitará o Vice-Governador do Estado, o Presidente da Assembleia Legislativa, o Presidente do Tribunal de Justiça, os oficiais Generais Comandantes de Área das Forças Armadas (Exército, Marinha e Aeronáutica), o Prefeito Municipal da Capital e os Secretários de Estado.

Parágrafo único. Tais visitas serão retribuídas, no prazo máximo de uma semana, por cartões deixados na sede da respectiva Representação consular.

Art. 62. Nas cidades do interior do Estado que contem com Representações consulares estrangeiras, os novos Cônsules ou Vice-Cônsules, logo que assumirem o posto, visitarão, na seguinte ordem, o Prefeito Municipal, o Presidente da Câmara Municipal, o Juiz de Direito e a mais alta autoridade policial, tanto a civil quanto a militar.

Parágrafo único. Tais visitas serão feitas e retribuídas na primeira semana a partir da data da chegada do novo Representante consular.

Art. 63. Quando o Corpo consular desejar ser coletivamente recebido pelo Chefe do Executivo Estadual, a audiência será pedida pelo Decano do Corpo consular, ou por seu substituto, através do Cerimonial.

Art. 64. A não ser no caso de correspondência oficial, os Representantes consulares entender-se-ão com o Governo do Estado sempre por intermédio do Cerimonial do Governo do Estado.

Art. 65. Nas recepções ao Corpo consular ou em quaisquer outras cerimônias e solenidades oficiais a que comparecer, serão observadas as seguintes normas de precedência: em primeiro lugar, os Cônsules Gerais de carreira, ou *missi*, seguidos dos Cônsules Gerais honorários, ou *electi*, Cônsules de carreira, Cônsules honorários, Vice-Cônsules e, em cada categoria, por ordem de concessão do respectivo *exequatur*.

Art. 66. O Cerimonial do Governo do Estado publicará, anualmente, a lista do Corpo consular estrangeiro sediado no Estado, enviando um exemplar da Lista a cada Representação consular.

Parágrafo único. Toda e qualquer alteração referente ao pessoal e ao endereço das respectivas Representações consulares, bem como ao endereço particular dos agentes consulares, deverá ser por elas comunicada imediatamente, por escrito, ao Cerimonial do Governo.

Art. 67. O Governo do Estado, por intermédio do Cerimonial, fornecerá aos Representantes consulares de carreira e funcionários do serviço consular, também de carreira, que sejam nacionais do Estado que os nomeou e não exerçam, no Brasil, qualquer atividade lucrativa, Carteira de Identidade, que terá esse valor em todo o Estado, assinada pelas seguintes autoridades estaduais: Secretário da Segurança Pública, Secretário de Relações Institucionais e Chefe do Cerimonial.

- *Art. 67 com redação dada pelo Decreto nº 55.234, de 8.10.2007.*

Art. 68. O Chefe do Cerimonial o representante do Governador em festividades comemorativas do dia da Festa Nacional dos países com os quais o Brasil mantenha relações diplomáticas ou consulares. O Chefe do Cerimonial poderá ser substituído, em tais atos, pelo Subchefe ou por um dos Assistentes do Cerimonial.

§ 1º. Nos dias de Festa Nacional ou festividades consulares dos países que tenham Representação consular no Estado, o Governador cumprimentará, por intermédio do Chefe do Cerimonial, o Chefe da respectiva Representação consular.

§ 2º. Em outras cerimônias promovidas pelas Representações consulares, o Governador do Estado, quando se fizer representar, fá-lo-á sempre pelo Chefe ou por outros funcionários do Cerimonial.

SEÇÃO VII
DO FALECIMENTO DO PRESIDENTE DA REPÚBLICA

Art. 69. Ao receber o Governador do Estado comunicação oficial do falecimento do Presidente da República, tomará as necessárias providências para a execução do decreto de luto oficial, entrando em colaboração com as autoridades da União no que depender das homenagens a serem prestadas pelas autoridades estaduais e municipais.

DO FALECIMENTO DO GOVERNADOR DO ESTADO

Art. 70. Falecendo o Governador do Estado, será decretado luto oficial por oito dias.

Art. 71. O Cerimonial do Estado providenciará as comunicações ao Presidente da República, Presidente do Senado, Presidente da Câmara Federal, Presidente do Supremo Tribunal Federal e aos Governadores dos Estados e dos Territórios da União, bem como ao Corpo consular e às autoridades estaduais e aos Prefeitos Municipais, informando estes últimos sobre a execução do decreto de luto e encerramento do expediente nas repartições públicas estaduais e municipais.

Art. 72. Verificado o óbito, o Cerimonial do Estado providenciará a ornamentação fúnebre de aposento nobre do Palácio do Governo, transformado em câmara ardente.

Art. 73. O Chefe do Cerimonial do Governo combinará com a Chefe da Casa Militar as providências referentes à prestação das honras fúnebres (guarda, escolta, carreta e salvas de tiro) que houverem sido determinadas pelo decreto de luto e previstas nos Regulamentos Militares.

Art. 74. Deposto o corpo na câmara ardente e estabelecida a guarda fúnebre, terá início a visitação oficial e pública de acordo com o que for determinado pelo Governador em exercício.

Art. 75. Marcados dia e hora para o funeral, em presença dos Chefes dos Poderes estaduais e das demais altas autoridades, o Governador do Estado em exercício fechará a urna fúnebre, entregando, a seguir, a chave ao representante da família.

Art. 76. Os Chefes da Casa Civil e Militar cobrirão o féretro com a bandeira do Estado.

Art. 77. O ataúde será conduzido para a carreta pelas principais autoridades presentes, iniciando-se o cortejo fúnebre, precedido pela escolta militar regulamentar.

Art. 78. Até as proximidades do cemitério, organizar-se-á o cortejo fúnebre, encabeçado pela carreta funerária e pelo carro do pároco ou do ministro da religião do finado, na seguinte ordem:

I – Carreta funerária;

II – Carro do pároco ou do sacerdote da religião do finado;

III – Carro do Governador do Estado em exercício;

IV – Carro do Presidente da Assembleia Legislativa;

V – Carro do Presidente do Tribunal de Justiça;

VI – Carros dos Oficiais Generais Comandantes de Área Militar em São Paulo;

VII – Carro do Decano do Corpo consular;

VIII – Carro do Prefeito do Município da Capital Estadual;

IX – Carros dos Secretários de Estado;

X – Carros dos Reitores de Universidade;

XI – Carro do Chefe da Casa Militar;

XII – Carro do Comandante da Polícia Militar;

XIII – Carros das demais autoridades.

Art. 79. Ao chegarem às proximidades do cemitério, os acompanhantes deixarão os seus automóveis e, findas as honras militares, farão a pé o restante do percurso, na ordem pré-estabelecida, sendo o ataúde levado à sepultura pelas principais autoridades. As demais personalidades aguardarão o féretro junto ao túmulo, onde se processarão as últimas homenagens. Se o sepultamento ocorrer fora da Capital do Estado, o mesmo cerimonial será observado até a estação de estrada de ferro, aeroporto ou porto de embarque; o Governo do Estado solicitará a colaboração das autoridades do local onde tiver de ser efetuado o sepultamento.

Parágrafo único. Acompanharão os despojos as autoridades especialmente indicadas pelo Governo do Estado.

DO FALECIMENTO DE OUTRAS ALTAS AUTORIDADES

Art. 80. A Bandeira Nacional só será hasteada a meio mastro por luto oficial decretado pelo Governo da União.

Art. 81. Informado o Secretário do Governo do falecimento, no Estado, de pessoa grada que tiver direito a honras especiais, instruirá imediatamente o Cerimonial a providenciar o funeral.

Art. 82. As honras fúnebres (carreta, guarda fúnebre, escolta e salvas de tiro) serão prestadas de acordo com o Cerimonial Público da União e o Regulamento de Continências, Honras e Sinais de Respeito das Forças Armadas.

Art. 83. O Chefe do Cerimonial combinará com o Decano do Corpo consular, se for o caso, e com o Chefe da Casa Militar as honras fúnebres a que o finado tiver direto.

Art. 84. O luto será estabelecido de acordo com a hierarquia do falecido e determinado pelo Governo Federal ou pelo Governo do Estado.

DO FALECIMENTO DE CHEFE DE REPRESENTAÇÃO CONSULAR ESTRANGEIRA

Art. 85. Ao ter conhecimento do falecimento de Chefe de Representação consular sediada no Estado, o Chefe do Cerimonial comunicará, imediatamente, o fato ao Governador do Estado, através do Secretário do Governo, e levará à respectiva Representação consular e à família do finado as condolências do Governo estadual.

§ 1º. Quando se tratar de Representação consular de carreira, o Governador do Estado, acompanhado do Chefe da Casa Militar e do Chefe do Cerimonial, comparecerá à câmara ardente.

§ 2º. O Chefe do Cerimonial representará o Governador do Estado no funeral.

SEÇÃO VIII DA CORRESPONDÊNCIA OFICIAL

Art. 86. A correspondência oficial não admite abreviaturas.

Art. 87. O tratamento ("Excelência" ou "Senhoria") a ser dado na correspondência oficial dirigida a autoridades nacionais e estrangeiras, e a particulares de qualquer nacionalidade, e o fecho de ofícios e cartas são aquelas que figuram, para cada caso, na relação discriminada que consta do anexo único às presentes Normas do Cerimonial Público Estadual e parte integrante delas.

Art. 88. A correspondência oficial começará, sempre, apenas com o título do destinatário e, no caso de ofícios, levará, em baixo da página, sob a assinatura do expedidor, o nome precedido do tratamento que a ele couber ("A Sua Excelência o Senhor.." ou "Ao Senhor.."), e o título do destinatário ambos por extenso. No caso de cartas, colocar-se-ão ao lado esquerdo da página, junto à margem, e linhas abaixo da ocupada pela data da carta, o nome, precedido do tratamento ("Excelentíssimo Senhor...", para os destinatários com direito ao tratamento de "Excelência", e "Ilustríssimo Senhor...", para aqueles a quem se deva o tratamento de "Senhoria"), e, nas linhas seguintes, o título e o endereço do destinatário.

Art. 89. Os ofícios dirigidos a autoridades e particulares nacionais terminam com o seguinte fecho, respeitados, em cada caso, o tratamento e as fórmulas de cortesia devidos ao destinatário:

> *"Aproveito a oportunidade para apresentar (ou renovar) a Vossa Excelência (ou a Vossa Senhoria) os protestos da minha ... estima e ... consideração."*

Art. 90. Os ofícios dirigidos a autoridades ou particulares estrangeiros terminam com o seguinte fecho, respeitados, em cada caso, o tratamento e as fórmulas de cortesia devidos ao destinatário:

"Aproveito a oportunidade para apresentar (ou renovar) a Vossa Excelência (ou a Vossa Senhoria) os protestos da minha ... consideração."

Art. 91. As cartas dirigidas a autoridades ou particulares nacionais terminam com o seguinte fecho, respeitados, em cada caso, o tratamento e as fórmulas de cortesia devidos ao destinatário:

"Aproveito a oportunidade para apresentar (ou renovar) os protestos da ... estima e ... consideração com que me subscrevo,

De vossa Excelência (ou De Vossa Senhoria)."

Art. 92. As cartas dirigidas a autoridades ou particulares estrangeiros terminam com o seguinte fecho, respeitados, em cada caso, o tratamento e as fórmulas de cortesia devidos ao destinatário:

"Aproveito a oportunidade para apresentar (ou renovar) os protestos da ... consideração com que me subscrevo,

De Vossa Excelência (ou De Vossa Senhoria)."

Art. 93. Somente o Governador do Estado, ou, conjuntamente, ele e sua esposa terão direito ao uso de papel e cartão de correspondência ou de convite com o brasão dourado do Estado. As demais autoridades estaduais poderão usar o brasão do Estado impresso em preto ou em relevo branco seco.

Art. 94. Os ofícios e cartas do Corpo consular às autoridades federais, estaduais e municipais não deverão receber a denominação de Nota.

Parágrafo único. Os ofícios e cartas dirigidos pelo Corpo consular ao Governador do Estado serão respondidos, em nome do Chefe do Executivo Estadual, pelo Secretário do Governo ou, ainda por determinação deste último pelo Chefe do Cerimonial.

Art. 95. O Governador do Estado remeterá ao ministro das Relações Exteriores cópia de toda correspondência que, a seu juízo, tiver importância política ou interesse nacional, bem como notícia dos incidentes de gravidade que ocorram com qualquer agente consular estrangeiro sediado no Estado.

SEÇÃO IX – DA COMPETÊNCIA DO CERIMONIAL

Art. 96. competem ao Chefe do Cerimonial do Governo as seguintes atribuições:

I – Dirigir o Cerimonial do Governo e distribuir os serviços a serem executados pelos demais servidores do Cerimonial, fixando-lhes as respectivas funções, um dos quais servirá como Subchefe do Cerimonial e substituirá o Chefe nas ausências ou impedimentos deste último;

II – Manter articulação com o Cerimonial da Presidência da República e com o Cerimonial do Ministério das Relações Exteriores;

III – Encarregar-se da correspondência diplomática e consular do Governador do Estado, epistolar ou telegráfica, e sua tradução;

IV – Atender o Corpo diplomático e o Corpo consular nas solicitações de audiência;

V – Organizar as solenidades e recepções oficiais nos Palácios do Executivo Estadual, assim como o cerimonial de visitas de altas personalidades civis e militares, nacionais ou estrangeiras, providenciando, inclusive, os meios de transporte à disposição dessas personalidades;

VI – Providenciar, em cooperação com a Chefia da Casa Militar do Governador do Estado, os contingentes necessários às honras oficiais previstas no cerimonial, bem como a designação de ajudantes-de-ordem à disposição de altas personalidades civis e militares, nacionais ou estrangeiras, em visita oficial ao Estado;

VII – Organizar, quando decidido pelo Chefe do Governo do Estado, a hospedagem de visitantes do Estado de São Paulo;

VIII – Dar conhecimento prévio ao Chefe do Poder Executivo Estadual do programa e cerimonial das solenidades e recepções a que ele tiver de comparecer:

IX – Servir de introdutor nas visitas diplomáticas e consulares e nas recepções oficiais nos Palácios do Executivo Estadual;

X – Avisar, com a devida antecedência, o Secretário do Governo, os Chefes das Casas Civil e Militar, Secretários de Estado, Prefeito do Município da Capital, Reitores e Departamento de Manutenção dos Palácios das cerimônias que serão realizadas;

XI – Manter permanente contato com o Departamento de Manutenção dos Palácios no que se refere à apresentação dos Palácios do Executivo Estadual, instruindo-o no que diz respeito ao preparo das solenidades, recepções, almoços, jantares, assim como aos uniformes do pessoal de serviço;

XII – Resolver os casos omissos nas presentes Normas do Cerimonial Público do Estado de São Paulo.

ANEXO ÚNICO
FÓRMULAS DE CORTESIA EM CORRESPONDÊNCIA OFICIAL

A) Com destinatários nacionais:

a) Fechos:

(1) Aproveito a oportunidade para apresentar (ou renovar) a Vossa Excelência, Senhor Presidente, os protestos do meu mais profundo respeito.

(2) Aproveito a oportunidade para apresentar (ou renovar) a Vossa Excelência os protestos do meu profundo respeito.

(3) Aproveito a oportunidade para apresentar (ou renovar) a Vossa Excelência os protestos do meu respeito.

(4) Aproveito a oportunidade para apresentar (ou renovar) a Vossa Excelência os protestos da minha alta estima e mais distinta consideração.

(5) Aproveito a oportunidade para apresentar (ou renovar) a Vossa Excelência os protestos da minha alta estima e distinta consideração.

(6) Aproveito a oportunidade para apresentar (ou renovar) a Vossa Excelência os protestos da minha perfeita estima e distinta consideração.

(7) Aproveito a oportunidade para apresentar (ou renovar) a Vossa Senhoria os protestos da minha perfeita estima e consideração.

(8) Aproveito a oportunidade para apresentar (ou renovar) a Vossa Senhoria os protestos da minha estima e consideração.

(9) Apresento (ou renovo) a Vossa Senhoria os protestos da minha consideração.

b) Relação alfabética de destinatários nacionais

Aeronáutica (Ministro de Estado da -) .... (4)
Aeronáutica (Chefe do Gabinete do Ministro da -) .... (6)
Aeronáutica (Chefe do Estado Maior da -) .... (5)
Aeronáutica (Oficial General da -) .... (6)
Agentes do Banco do Brasil .... (8)
Alfândega (Inspetor da -) .... (7)
Arcebispos .... (6)*
Associações comerciais (Presidente de -) .... (7)
Autarquia federal (Presidente de -) .... (6)
Autarquia estadual (Presidente de -) .... (6)
Autarquia municipal (Presidente de -) .... (6)
Bancos (Presidente de -) .... (7)
Banco Central do Brasil (Presidente do -) .... (6)
Banco do Brasil (Presidente do -) .... (6)
Bolsas de Mercadorias (Diretor de -) .... (8)
Câmara de Comércio (Presidente de -) .... (7)
Câmara dos Deputados (Presidente da -) .... (3)
Câmara dos Deputados (Vice-presidente da -) .... (4)
Câmara dos Deputados (Secretários da -) .... (4)
Câmara dos Deputados (Membros da -) .... (4)
Câmaras Municipais (Presidente) .... (6)
Câmaras Municipais (Vice-Presidente) .... (7)

Cardeais .... (2)**
Chefe do Gabinete Militar da Presidência da República .... (4)
Chefe de Gabinete de Ministros de Estado .... (6)
Chefe de Polícia do Departamento Federal de Segurança Pública . (6)
Chefe de Polícia Estadual. .... (6)
Chefe do Estado Maior do Exército, da Armada ou da Aeronáutica (5)
Chefe da Casa Militar do Governador .... (5)
Companhia Siderúrgica Nacional (Presidente da -) .... (7)
Companhia Vale do Rio Doce (Presidente da -) .... (7)
Confederação Nacional do Comércio (Presidente da -) . ... (7)
Confederação Nacional da Indústria (Presidente da -) .... (7)
Congresso Nacional (Membros do -) .... (4)
Conselheiro Comercial do Brasil. .... (7)
Conselho de Segurança Nacional (Secretário Geral do -) .... (7)
Conselho Nacional de Economia (Presidente do -) .... (4)
Conselho Nacional do Petróleo (Presidente do -) .... (6)
Conselhos Administrativos Estaduais (Presidente de -) .... (7)
Cônsul Brasileiro .... (8)
Cônsul Geral Brasileiro. .... (7)
Consultor Geral da República .... (6)
Corte de Apelação do Distrito Federal (Membro da -) .... (6)
Dasp (Diretor Geral do -) .... (4)
Departamento Administrativo do Serviço Público (Diretor Geral do -) (6)
Departamento de Secretaria de Estado (federal) (Diretor de -) .... (6)
Departamento de Secretaria (estadual) (Diretor de -) .... (6)
Departamento Federal de Segurança Pública (Chefe de Polícia do -) (6)
Departamento Nacional de Estradas de Ferro (Diretor Geral do -) .. (6)
Departamento Nacional de Saúde (Diretor Geral do -) .... (6)
Deputados Estaduais. .... (6)
Diretor de Imprensa Nacional. .... (7)
Diretor de Autarquia federal .... (6)
Diretor de Autarquia estadual. .... (7)
Diretor de Autarquia municipal .... (8)
Diretor de Bolsa de Mercadorias .... (8)
Diretor de Departamento de Secretaria de Estado (federal) .... (6)
Diretor de Departamento de Secretaria (estadual) .... (7)
Diretor de Faculdade. .... (7)

Presidente da Assembleia Legislativa Estadual .... (5)
Presidente da Câmara dos Deputados .... (3)
Presidente da Companhia Siderúrgica Nacional .... (7)
Presidente da Companhia Vale do Rio Doce .... (7)
Presidente da Federação das Associações Comerciais .... (7)
Presidente da Ordem dos Advogados. .... (6)
Presidente da República. .... (1)
Presidente de Associações Comerciais. .... (7)
Presidente de Autarquia (estadual) .... (6)
Presidente de Autarquia (federal) .... (6)
Presidente de Autarquia (municipal) .... (6)
Presidente de Banco, em geral. .... (7)
Presidente do Banco Central .... (6)
Presidente do Banco do Brasil .... (6)
Presidente de Câmaras de Comércio .... (7)
Presidente de Câmaras Municipais. .... (6)
Presidente de Conselhos Administrativos Estaduais. .... (7)
Presidente do Conselho Nacional de Economia .... (4)
Presidente do Conselho Nacional do Petróleo .... (6)
Presidente da Federação Estadual da Agricultura .... (7)
Presidente da Federação Estadual do Comércio .... (7)
Presidente da Federação Estadual da Indústria. .... (7)
Presidente do Instituto Brasileiro de Geografia e Estatística. .... (6)
Presidente do Instituto dos Advogados .... (6)
Presidente do Instituto Histórico e Geográfico Brasileiro. .... (6)
Presidente do Senado Federal .... (3)
Presidente do Tribunal de Contas .... (5)
Presidente do Tribunal de Alçada .... (6)
Presidente do Tribunal de Justiça do Estado .... (5)
Presidente do Tribunal de Justiça Militar .... (6)
Presidente do Superior Tribunal Militar .... (4)
Presidente do Supremo Tribunal Federal. .... (3)
Presidente do Tribunal Federal de Recursos .... (4)
Presidente do Tribunal Regional Eleitoral. .... (5)
Presidente do Tribunal Regional do Trabalho. .... (6)
Presidente do Tribunal Superior Eleitoral. .... (4)
Procurador Regional do Trabalho .... (7)

Procurador Geral da República .... (4)
Procurador Geral do Estado. .... (6)
Procurador Geral da Justiça. .... (6)
Procurador Regional da República no Estado .... (6)
Promotores Públicos .... (6)
Reitor de Universidade. .... (6)***
Secretário da Câmara dos Deputados. .... (4)
Secretário de Governo Estadual .... (5)
Secretário do Senado Federal. .... (4)
Secretário do Conselho de Segurança Nacional. .... (7)
Secretário Geral do Ministério das Relações Exteriores .... (5)
Secretário Geral de outros Ministérios. .... (5)
Senado Federal (Presidente do -) .... (3)
Senado Federal (Membros do -) .... (4)
Senado Federal (Secretário do -) .... (4)
Superior Tribunal Eleitoral (Membro do -) .... (5)
Superior Tribunal Militar (Presidente do -) .... (4)
Superior Tribunal Militar (Membro do -) .... (5)
Supremo Tribunal Federal (Presidente do -) .... (3)
Supremo Tribunal Federal (Membro do -) .... (4)
Território Federal (Governador de -) .... (4)
Tribunal de Alçada (Juízes do -) .... (6)
Tribunal de Contas (Presidente do -) .... (6)
Tribunal de Contas (Conselheiros do -) .... (6)
Tribunal de Justiça Militar do Estado (Presidente do -) .... (6)
Tribunais do Trabalho (Juízes de -) .... (5)
Tribunais Superiores dos Estados da União (Membro de -) .... (6)
Tribunal Eleitoral (Juízes do -) .... (5)
Tribunal Federal de Recursos (Presidente do -) .... (4)
Tribunal Federal de Recursos (Juízes do -) .... (5)
Tribunal Regional Eleitoral (Presidente do -) .... (5)
Tribunal Regional Eleitoral (Membros do -) .... (6)
Tribunal Superior Eleitoral (Presidente do -) .... (4)
Universidade (Reitor de -) .... (6)****
Vice-Governador de Estado da União .... (5)
Vice-Presidente da Câmara dos Deputados. .... (4)
Vice-Presidente da República .... (2)

Vice-Presidente do Senado Federal .... (4)
Vereadores .... (7)

B) Com destinatários estrangeiros

a) Fechos:

(I) Aproveito a oportunidade para apresentar (ou renovar) a Vossa Excelência os protestos da minha mais alta consideração.

(II) Aproveito a oportunidade para apresentar (ou renovar) a Vossa Excelência os protestos da minha alta consideração.

(III) Aproveito a oportunidade para apresentar (ou renovar) a Vossa Senhoria os protestos da minha mais distinta consideração.

(IV) Aproveito a oportunidade para apresentar (ou renovar) a Vossa Senhoria os protestos da minha mui distinta consideração.

(V) Aproveito a oportunidade para apresentar (ou renovar) a Vossa Senhoria os protestos da minha distinta consideração.

b) Relação alfabética de destinatários estrangeiros

Chefes de Representação ou de Escritórios Comerciais estrangeiros .... (V)
Cônsules estrangeiros .... (IV)
Cônsules Gerais estrangeiros .... (III)
Embaixadores estrangeiros .... (I)
Encarregados de Negócios estrangeiros .... (IV)
Enviados Extraordinários e Ministros Plenipotenciários estrangeiros . (II)
Funcionários estrangeiros, não equiparados aos mencionados nesta relação .... (V)
Ministros das Relações Exteriores estrangeiros .... (I)
Ministros dos Negócios estrangeiros .... (I)
Ministros Plenipotenciários estrangeiros .... (II)
Ministros Residentes estrangeiros .... (III)
Núncio Apostólico .... (I)
Secretário de Estado estrangeiro .... (I)
Vice–Cônsules estrangeiros .... (V)

(*) O tratamento correspondente Sua (ou Vossa) Excelência Reverendíssima.

(**) O tratamento correspondente Sua (ou Vossa) Eminência Reverendíssima.

(***) O tratamento correspondente Sua (ou Vossa) Magnificência.

(****) O tratamento correspondente Sua (ou Vossa) Magnificência.